공부 잘하는
아이는 이런
습관이 있습니다

내신·수능 1등급 우등생들의 자기주도학습 공부 비법

공부 잘하는 아이는 이런 습관이 있습니다

신영환
지음

서 사 원

추천하는 글

"열심히 공부하면 좋은 성적을 거둘 수 있다."

과연 이 명제는 타당할까요?

안타깝게도 매일 열심히 공부한다고 말하는 대부분의 학생들조차도 서로 다른 성적을 거두는 것이 현실입니다. 그렇다면 이 '열심히'를 우리는 좀 더 쪼개서 보아야 하지 않을까요? 누가 보아도 우리의 '열심히'를 양과 질적인 면에서 높은 수준으로 유지할 수 있도록 분과 초를 잘 써야 할 것입니다. 그렇다면 맹목적인 노력보다는 행동의 '시스템'이 따라야만 하는데, 저자는 그것을 좋은 습관, 즉 '루틴'으로 명명하고 있습니다. 좋은 습관을 만들면 애쓰지 않아도 습관이 이끄는 발걸음에 올라타서 나아갈 수 있습니다. 그리고 그 발걸음은 원하는 목표로 매일매일 우리를 인도할 것입니다. 이 책에서는 좋은 습관을 만드는 '루틴 형성'에 대한 모든 것을 진솔하게 다루고 있습니다. 그것을 통해 우리 자신을 전반적으로 돌아보고 성공을 위한 필요충분 조건을 갖출 수 있다고 확신합니다. 여러분도 이 책을 읽고 '공부 루틴 형성'에 성공하는 주인공이 되어보시길 바랍니다.

_교육 크리에이터 혼공쌤, 허준석

이 책은 공부에서 루틴의 힘이 얼마나 강력한지 알려주는 혁신적인 내용을 소개합니다. 이 책을 통해 루틴이란 무엇이고, 어떻게 효과적인 루틴을 형성해나갈 수 있는지 알 수 있습니다. 대한민국의 모든 수험생이 공부를 꾸준히 실천하기 위한 '공부 루틴'을 만들어 자신의 꿈에 한 발짝 더 다가갈 수 있기를 진심으로 바랍니다.

_서울대생 공부 꿀팁 <소린TV>, 안소린

가끔은 불가능해 보이는 것도 올바른 루틴으로 인해 가능해집니다. 제가 의대에 합격할 수 있었던 것도 루틴 형성 덕분입니다. 이 책은 루틴이 필요한 이유부터 공부에 도움이 되는 구체적이고 세세한 루틴을 포함하여 명문대 우등생 멘토들의 생생한 성공 사례까지 루틴에 관한 모든 걸 담고 있습니다. 학생들이 이 책을 읽고 인생의 첫 번째 관문인 입시를 루틴으로 통과하길 바라고 진심으로 응원합니다.

_의대생 멘토, 임규리

　부모가 자녀에게 줄 수 있는 가장 귀한 선물은 좋은 습관을 갖게 해주는 것이라 믿습니다. 좋은 습관은 성장 과정에서 자기만의 방식으로 루틴화되어 내가 되고 싶은 모습에 조금 더 수월하게 다가가도록 돕기 때문입니다. 이 책은 공부 목표를 이루고 싶은 모든 학생에게(여러분에게) 루틴의 시작을 경험하게 하는 또 하나의 선물이 되어줄 것이라 확신합니다.

_학부모 대표 엠버맘, 박지현

우리의 삶은 습관으로 이루어져 있다

아침에 일어나서 가장 먼저 하는 일은 무엇인가? 내가 눈 뜨면 가장 먼저 하는 일은 6시 기상 시간을 알리는 휴대폰 알람을 끄는 일이다. 그리고 자연스럽게 화장실에 가고, 세수하고, 옷을 입는다. 다음으로는 아침 식사를 간단히 챙겨 먹고, 하루를 버티게 해줄 영양제 두 알을 물과 함께 삼킨다. 집을 나서기 전 마지막으로 양치하고, 다시 물 한 모금 마시고, 가방을 메고, 엘리베이터 호출 버튼을 누른 후 신발을 골라 신고 문을 열고 나간다.

사람마다 아침 일과가 다르겠지만, 나는 10년 넘게 평일에는 6시에 일어나서 앞서 말한 루틴을 지켜왔다. 아침 일과를 보내는 30분 동안 고민하는 게 딱 한 가지가 있다면 어느 신발을 신을까 생각하는 것이다. 그것도 사실 크게 고민하지 않는다. 바지 색깔에 맞게 신발을 바로 고르기 때문이다.

이처럼 이미 정해진 행동을 아무런 고민 없이 무의식적으로 하고 있다. 그게 습관이라는 것이다. 그동안 이런 습관이 우리 삶에 얼마나 많이 스며들어 있고, 우리 삶에 영향을 주는지에 대해서는 많은 학자들이 연구를 통해 밝혀왔다. 그들은 연구를 통해 그만큼 습관이 중요하다는 말을 하고자 했다.

발달생물학자인 브루스 립튼 박사는 한 사람의 운명을 거의 절대적으로 결정짓는 것은 개인의 습관이라고 했다. 그리고 습관이란 잠재의식에 입력된 프로그램이고 그 사람의 의식적인 생각과는 무관하게 무의식적으로 자동 표출되는 행동 패턴이라 말했다. 7세 이전에 형성된 95%의 이 무의식(잠재의식)이 지금 우리의 행동을 결정한다고 주장했다.

심리학자 웬디 우드는 《해빗》이라는 책을 통해 '우리 삶의 43%가 습관으로 이루어져 있다'는 사실을 과학적으로 설명했다. 그리고 습관은 '우리 삶에 잠재된 무의식을 깨우는 것에서부터 시작해야 한다'라고 말했다. 이 말을 다양하게 해석할 수 있지만, 분명한 건 우리는 안 좋은 습관을 버리고 좋은 습관을 만들려고 노력해야 한다는 것이다.

아무리 '세 살 버릇 여든까지 간다'라는 속담이 있다고 하지만, 우리는 의식적인 노력으로 습관을 바꿀 수 있다. 물론 시간은 꽤 걸린다. 속설이지만 원래 습관을 고치기 위해서는 3배의 시간과 노력을 들여야 바꿀 수 있다는 말도 있다. 그리고 습관 형성의 기본 원리는 바로 '반복'이다. 이러한 습관 형성과 관련된 모든 자세한 이야기는 본문에서 다룰 예정이다.

사실 그동안 출간했던《공부하느라 수고했어, 오늘도》책을 통해서 수험생들에게 진로와 인생 방향성을 안내하고 싶었다. 《1등급 공부법》책을 통해서는 구체적이고 실질적인 1등급 공부 방법을 알려주고자 했다. 그런데 방법을 아는데도 실제 공부하지 않으면 아무런 의미가 없기에 '공부'를 꾸준하게 실천할 수 있는 방법을 이 책을 통해 안내하고자 한다.

수십 명의 우등생을 인터뷰하면서 공통적으로 느낀 점이 있다면 바로 그들은 '공부 습관'이 잘 형성되어 있다는 것이었다. 비록 처음에는 부족했지만, 꾸준하고 의식적인 반복 행동을 통해 습관을 만들고, 나중에는 무의식적이고 자동 반사적으로 스스로 '공부'하고 있는 모습을 보였다. '공부 습관'을 조금씩 만들어 가다 보니 자신도 모르게 공부하는 게 당연하고, 포기하지 않고 꾸준히 공부하게 되는 것이다.

공부 습관을 들이는 데 있어서 가장 중요한 '루틴'이 왜^{why} 효능이 있는지, 어떻게^{how} 루틴을 만들 것인지, 무엇^{what}을 루틴화할 수 있는지 그리고 공부 루틴을 완성하여 입시와 공부에 성공한 멘토들의 사례를 살펴볼 것이다. 이런 과정을 통해 여러분도 공부를 포기하지 않고 꾸준하게 실천할 수 있는 '공부 루틴'을 만들 수 있다는 걸 기대해도 좋을 것이다.

2022년 봄날에
신영환 드림

차례

1장   루틴 완성으로 입시에 성공한 멘토들

2장   왜(why) 루틴인가? 루틴의 효능

1장

루틴 완성으로
입시에 성공한 멘토들

매일 아침, 국어 비문학 구조도 만들기

☑ 이서영 멘토(이화여자대학교 경영학과&중어중문학부)

어린 시절부터 다독 경험이 있었지만, 중학교 때부터 지나치게 문학 위주로 독서를 했다. 시나 소설을 종종 읽었지만, 초등학교 때만큼 독서를 많이 하지 않았다. 그래서인지 몰라도 고등학교에 다니면서 문학 점수는 잘 나왔지만, 국어 비문학 점수가 잘 나오지 않았다. 게다가 비문학적인 성격을 가진 사회 탐구과목도 약점이 되어 입시 발목을 잡는 형국이 되었다.

고등학교 2학년 때까지는 내신 공부하랴, 수행평가 준비하랴, 생활기록부 스펙을 쌓기 위해 다양한 활동에 임하느라 입시 공부를 소홀히 했다. 고2에서 고3 올라가는 겨울방학 때부터 시작한 루틴 형성을 하기 전까지는 계속 그랬다. 하지만 이래서는 입시에 성공하지 못할 것 같다고 판단하고, 공부 루틴을 바꿔보기로 마음먹었다.

막상 하루 공부 일정을 짜면서 살펴보다가 공부할 시간이 턱없이 부족함을 느꼈다. 시간을 아껴 쓰지 않으면, 도저히 입시에 성공할 수 없을 거라는 생각이 들었다. 그래서 잠을 조금 더 줄여보기로 했는데, 오히려 역효과가 나타났다. 늦게 자고 일찍 일어나려니 일단 너무 피곤해서 집중력이 흐트러지고 오히려 공부 효율이 떨어지는 것을 느꼈다.

다시 전략을 바꿔서 정신이 멀쩡한 상태를 유지하기 위해 적당한 시간에 자고, 아침에는 조금 일찍 일어나는 방법을 택했다. 일주일 정도 시행착오를 겪다 보니 새벽 1시 전에 자고 6시 정도에 눈을 뜨면 나름 맑은 정신으로 하루를 보낼 수 있다는 걸 깨달았다. 그 후로 수능 당일까지 이 루틴은 깨지지 않았다.

사실 등교 시간이 다른 학교와는 달라서 일찍 일어나는 습관이 있었다. 1교시 수업이 8시에 시작이라 조회를 7시 50분에 시작했고, 지각도 그 시간을 기준으로 처리했다. 고2 때까지는 항상 피곤함에 쫓겨서 간신히 7시 50분에 맞춰서 등교하곤 했다. 그런데 겨울방학 때 6시에 일어나는 루틴을 형성한 덕분에 고3이 시작되는 3월부터는 항상 1등으로 교실에 들어와 불을 켜고, 난방기를 켜는 사람이 되었다.

조회 시간 전까지 대략 20~30분 정도 시간이 생기자 그 시간을 잘 활용해야겠다고 생각했다. 20~30분이면 생각보다 많은 양의 공부를 할 수 있는 시간이라 무엇을 공부할까 고민했다.

☑ 아침 시간 계획표

06:00	기상
06:40	집에서 나오기(버스 시간 맞추기)
07:15	학교 도착
07:20	교실 도착 / 하루 스케줄 확인
07:25	국어 비문학 1지문 풀기
07:30	구조도 그리기
07:50	아침 조회
08:00	1교시 수업 시작

겨울방학 때 이미 파악한 대로 국어 비문학은 이 시간을 활용해서 공부하면 좋겠다고 생각했다. 5분 동안 1개 지문의 문제를 풀고, 나머지 20분 내외의 시간에는 구조도를 그리며 글의 구성과 논리적 글의 흐름을 파악하려고 노력했다. 물론 지문과 비교했을 때 어떻게 선지가 구성되는지까지 철저하게 분석했다.

특별한 일정이 있지 않은 이상 이렇게 만든 아침 시간 국어 비문학 구조도 그리기 루틴은 10월까지 깨지지 않았다. 이렇게 조금씩 남는 시간이 하루에 여러 번 있다는 걸 깨닫고, 자투리 시간을 이용해서 틈새 공부 전략을 세웠다. 짧은 시간이지만 5~10분 정도 자투리 시간에는 겨울방학 동안에 학습한 사회탐구 과목 개념을 정리한 노트를 들고 다니며 계속 복습했다.

점심 혹은 저녁 식사 시간에 급식을 먹기 위해 줄을 설 때도,

☑ 자투리 시간 활용 계획표

시간/요일	학습 계획
1교시 후(5분)	사회·문화 개념 노트 복습
2교시 후(5분)	〃
3교시 후(5분)	〃
점심시간(10분)	〃
5교시 후(5분)	생활과 윤리 개념 노트 복습
6교시 후(5분)	〃
7교시 후(5분)	〃
저녁시간(10분)	〃

식사하면서도 노트에 적힌 키워드를 익히려고 노력했다. 고승덕 변호사가 밥 먹는 시간이 아까워서 하루 15시간 공부할 때, 밥과 반찬을 갈아서 마셨다는 일화를 듣고, 똑같이 해보려 했으나 너무 비인간적이라 생각되어 나름의 방법을 터득한 것이었다.

이때는 코로나 시국이 아니라 충분히 친구들과 대화하며 식사를 할 수 있었겠지만, 어떻게든 공부 시간을 확보하기 위해서 자투리 시간까지 끌어모아서 공부 루틴을 만들려고 노력했던 거였다. 자신이 가장 약한 과목인 국어 비문학과 사회탐구 과목의 구멍을 메우기 위해 자투리 시간을 최대로 활용한 것이 유효한 전략이었다고 본다.

11월부터는 실제 수능 시험 시간에 맞춰서 문제 푸는 루틴을 만들었고, 쉬는 시간마다 무엇을 하고 있을지 철저하게 하루 루틴을 만들어 갔다. 덕분에 수능 당일에도 시험 보는 시간 루틴과 쉬는 시간 루틴을 그대로 이어갈 수 있었다. 크게 의식하지 않고 11월 보름간 했던 루틴 그대로 당일 하루를 보내니까 긴장도 별로 되지 않았다.

이런 노력 덕분에 결과적으로 국어 성적은 월등히 향상되었고, 사회탐구 2과목도 모두 1등급을 받을 수 있었다. 약한 과목을 보충하기 위해 시작한 '자투리 시간 루틴 공부법'이 제대로 통한 사례라 볼 수 있다. 만일 내가 공부할 시간이 부족하다고 생각된다면, 잠을 줄이는 게 아니라 하루 중에 줄줄 새는 자투리 시간을 어떻게 활용하여 루틴을 만들 것인지 고민해보길 바란다.

멘토의 한 마디

"자투리 시간도 잘 활용하면 루틴이 된다."

수학 공부는 항상 실전 시험처럼

☑ 지다경 멘토(서울대학교 중어중문학과&기술경영학과)

수능 시험 과목 중 가장 긴 시간 동안 보는 과목은 바로 수학이다. 100분 동안 30문제를 풀어야 한다. 문제 수는 많지 않지만, 4점짜리 킬러 문항의 경우 한 문제를 오랫동안 붙잡고 풀이 과정을 고민해야 하기에 긴 시간을 준다. 그래서 평소에 100분씩 시간을 두고 공부하기가 어렵고, 실제 공부량을 많이 요구하기에 수포자(수학 포기자)가 발생한다.

서울대에 진학한 지다경 멘토의 경우에도 고등학교에 올라와서 모의고사를 봤는데, 수학이 60점대가 나와서 크게 좌절했다. 위기감을 느끼고 1학기가 끝난 여름방학 때부터 수학 점수를 올리기 위한 공부를 시작했다. 다행히 방학 때라서 100분이라는 시간에 맞춰서 문제를 풀어볼 기회를 가질 수 있었다. 하지만 문제는 다시 개학하고부터였다.

아침부터 오후 늦게까지 수업을 들어야 하니까 낮 동안에는 수학 공부를 맘 잡고 할 수 없었다. 하지만 가장 약한 과목이었기에 가만히 두고 볼 수 없었다. 여름방학 때 100분이라는 시간 동안 긴장감을 가지고 기출 문제를 풀면서 공부 효율이 높다는 걸 알았기에 더 박차를 가하고 싶었다.

어떻게 하면 수학 시험 100분이라는 시간을 확보할 수 있을까 고민한 끝에 야간 자율학습 2차시를 활용하면 되겠다 싶었다. 비록 실제 수능에서처럼 오전 시간은 아니었지만, 매일 같은 시간에 똑같은 시간 동안 실전 시험처럼 문제를 풀려고 했다. 게다가 야간 자율학습 1차시 때랑은 달리 다른 친구들도 좀 더 집중하는 시간이라 분위기도 좋았다.

밤 8시 10분부터 9시 50분까지 100분 동안 실전처럼 문제를 풀고 자습이 끝나는 10시까지 채점하는 루틴을 고1 2학기 내내 만들었다. 틀렸던 어려운 문제는 집에 가는 셔틀버스 안에서 계속 고민했다. 그리고 집에 가서 다시 틀린 문제를 정리하는 시간을 가졌다. 매일 밤 이렇게 긴장감 있게 수학 시험을 푸는 루틴을 형성하고 나서 실제 고1 11월 모의고사 때는 수학 점수를 잘 받을 수 있었다.

이 루틴은 고2 때도 계속 이어졌다. 덕분에 고2 겨울방학 때까지 고3 때 나갈 수학 진도를 이미 마칠 수 있었다. 고1 때 가장 취약했던 과목을 잡으려고 철저한 공부 루틴을 만든 결과 수학

☑ 야간 자율학습 계획표

18:05	야자 계획 확인
18:10	오늘 수업 내용 복습
19:00	개념 노트 작성(국어, 사회)
19:50	쉬는 시간
20:00	수학 모의고사 문제/답안지 세팅
20:10	수학 모의고사 시작(100분)
21:50	채점
22:00	스쿨버스(틀린 고난도 문제풀이 고민)
23:00	틀린 문제 정리
24:00	취침

점수를 미리 만들게 된 것이다. 우등생들의 학습 시간 중에 가장 많은 시간을 투자하는 과목이 수학인데, 고3이 되기 전에 미리 어느 정도 끝내 놓으니까 고3 때는 다른 부족한 과목에 집중할 수 있게 되었다.

유튜브 〈영어멘토링TV〉 '진로를 찾아서' 인터뷰 때, 서울대에 가게 된 비결을 물어봤다. 이 멘토의 전략은 다음과 같았다. 고1, 고2 때는 가장 공부 시간이 많이 필요한 국어, 수학, 영어를 중심으로 먼저 루틴을 세워가며 공부했다. 그리고 고2 겨울방학 때부터 완전 노베이스 상태로 탐구 개념부터 공부했고, 제2외국어도 전략적으로 과목을 선택해서 1등급을 받았다.

다행히 국어, 수학, 영어는 거의 완성된 상태라서 고3 때는 유지하거나 부족한 부분만 채우며 공부하면 되었다. 오히려 암기 과목인 사회탐구와 제2외국어에 집중했다. 이런 전략 덕분에 고3 6월 모의평가 때는 총 4개 틀려서 수능 모의고사로 전교 1등을 했다. 아쉽게도 9월 모의평가 때는 국어가 너무 어려워서 무너지는 바람에 등수가 많이 밀렸다고 했다. 그래서 남은 2개월 동안 국어도 수학 시험 문제를 100분 동안 풀었던 루틴처럼 80분에 맞춰서 실전처럼 푸는 연습을 했다. 다행히 시기상 자습이 많은 시기라서 실제 수능 시험날 보는 시간에 맞게 문제를 풀 수 있었다.

잠깐 흔들림은 있었지만, 이렇게 부족한 점이 발견될 때마다 실전 시험처럼 공부하는 루틴을 만들어가며 끝까지 구멍을 메우려 노력했다. 덕분에 수능에서는 좋은 결과로 이어질 수 있었고, 서울대학교에 진학하게 되었다. 참고로 수능 날은 총 5개 틀렸는데, 과목별로 공평하게 1개씩 틀렸다고 했다. 어떻게 보면 루틴 공부법을 통해 모든 과목의 균형을 맞추게 된 게 아닐까 싶다.

참고로 이때는 영어 절대평가가 아닌 시절이라 2개 틀리면 2등급이 나오던 시절이었다. 그만큼 영어 1등급 받는 게 지금보다 더 어려웠다. 킬러 문항 난도도 더 높았다. 하지만 한 문제를 풀더라도 실제 시험을 보는 것처럼 상황을 조성했다. 보통의 영어 문제는 1분 30초 안에 해결하는 게 맞지만, 어려운 문항은

☑ 수능 전 과목 1등급을 위한 3개년 시기별 학습 계획

시기	국어	수학	영어	사탐	제2외국어
1학년 1학기	내신 시험 준비				
여름방학		1학년 (개념이해)			
1학년 2학기		1학년 (문제풀이)			
1학년 겨울방학	비문학 약점 공략	2학년 (개념이해)	고난도유형 정복하기		
2학년 1학기		2학년 (문제풀이)			
여름방학		3학년 (개념이해)			
2학년 2학기		3학년 (문제풀이)			
2학년 겨울방학	문학 약점 공략	4점짜리 유형	고난도유형 약점 공략	개념이해	
3학년 1학기				문제풀이	개념이해 문제풀이
여름방학				오답정리	오답정리
3학년 2학기	시간에 맞춰서 실전 모의고사 풀이 및 오답 정리				

2분을 넘기기도 한다. 하지만 아무리 어려운 문제도 2분 안에 풀려고 노력했고, 이 전략은 유효했다.

수학도 4점짜리 킬러 문항의 경우, 한 문제를 30~40분 놓고 풀어야 하는 경우도 생기기에 시간을 항상 정해놓고 오답 정리를 했다. 문제를 다시 풀 때 아무리 오래 걸려도 절대 40분은 넘기지 않으려고 노력했다. 대신 시간을 두고 다시 풀어봤다. 물

론 이때도 40분은 넘기지 않으려 노력했다. 덕분에 수능 당일에도 어려운 문제는 40분을 넘기지 않고 풀게 되었다.

시험 문제 전체를 푸는 시간도, 한 문제를 푸는 시간도 철저하게 평소에 실전처럼 문제 푸는 루틴을 만들었기에 지킬 수 있었다. 이렇게 문제 푸는 훈련을 평소에 루틴으로 해두어서 수능 당일에는 매우 마음 편하게 시험을 치를 수 있었다고 한다. 혹시라도 시험 긴장이 심한 사람이라면, 평소에 실전처럼 공부하는 루틴을 만들어보길 추천한다.

멘토의 한 마디

"평소에도 항상 실전과 같은 루틴을 만들자."

두 달 만에 수능 영어 어휘 교재 끝내기

☑ 오경제 멘토(고려대학교 영어교육학과&언어학과)

보통 중학교 3학년 학생들은 11월쯤 마지막 시험을 끝내고 고등학교 입학하기 전까지 3개월 정도 넉넉한 시간이 생긴다. 그런데 대부분 학생은 이 기간에 허송세월 보내는 경우가 허다하다. 비평준화 지역에 사는 게 아니거나 고입을 준비하는 상황이 아니라면 더욱 그럴 것이다. 하지만 이 시기를 전략적으로 활용할 필요가 있다. 중학교와 고등학교의 공부 수준 차이가 크기 때문이다.

한 과목만 그런 게 아니다. 모든 과목에서 큰 차이를 보인다. 특히 요새 중학생들은 자유학기제 혹은 자유학년제를 겪으면서 시험에 대한 경험이 적어졌다. 그러다가 고등학교에 올라와서 갑자기 입시 위주의 시험공부를 하게 되면서 좌절을 맛본다. 그래서 미리 고등학교 입학 전 2~3개월이라는 시기를 매우 잘 보내야 한다.

외고 진학을 목표로 했던 오경제 멘토는 외고 합격을 통보받고, 그 후부터 부족한 영어 어휘 공부를 시작했다. 전략은 다음과 같았다. 우선 수능 기출 어휘집을 구매했다. 총 개수를 세어보니 2,400개였다. 어떻게 하면 고등학교 입학 전까지 2개월 동안 이 단어를 다 외울 수 있을까 고민했다.

처음에는 60일이니까 하루에 40개씩 외우면 어떨까 생각했다. 하지만 본인의 성향상 그렇게 감칠맛이 나도록 공부하는 건 맞지 않는다고 생각했다. 그래서 관점을 바꿔봤다. 처음에 시간이 조금 걸리더라도 1회독을 다 한 후에 모르는 걸 줄여가는 방법을 통해 교재 한 권을 보는 횟수를 늘리는 게 어떨까 생각했다.

그런데 처음에 2,000개가 넘는 단어를 하루 내내 보려니 또 지겨워졌다. 그래서 반을 나눠서 하루에 1,200개씩 보기로 했다. 이렇게 이틀간 1권을 쭉 훑어보면서 아는 단어에 모두 체크했다. 물론 처음이라 모르는 단어가 꽤 많았다. 모르는 단어는 완벽히 외우지 않더라도 최대한 익숙해지려고 하면서 읽으니 시간이 오래 걸렸다.

그런데 3일째와 4일째 2회독을 할 때는 모르는 단어만 보면서 아는 단어를 체크했더니 1회독 때보다 시간을 단축할 수 있었다. 이렇게 시작된 이틀 동안 어휘집 1회독 하기 루틴은 고등학

☑ 두 달 만에 끝내는 수능 기출 어휘 학습 계획

- 모르는 어휘는 무한 반복 학습하기
- 1일차 1200개 전반부/ 2일차 1200개 후반부
- 30일차에는 모르는 어휘 없도록 마무리
- 여름/겨울방학 때 다시 N회독하기

1일차	2일차	3일차	4일차	5일차	6일차
1200개	1200개	1000개	1000개	800개	800개
7일차	8일차	9일차	10일차	11일차	12일차
600개	600개	500개	500개	400개	400개
13일차	14일차	15일차	16일차	17일차	18일차
300개	300개	200개	200개	150개	150개
19일차	20일차	21일차	22일차	23일차	24일차
120개	120개	95개	95개	80개	80개
25일차	26일차	27일차	28일차	29일차	30일차
50개	50개	30개	30개	10개	10개

교 입학 전 2월 말까지 계속되었고, 60일 동안 총 30회독을 하며 마지막에는 모르는 단어가 거의 없는 상태가 되었다.

이게 말이 되는 것이, 10회독 정도로 멈췄다면 효과가 없었을지도 모른다. 그런데 60일을 쉬지 않고 매일 했고, 30회독이 되니까 이미 루틴이 되어서 하루에 몇 십 분씩 영어 단어 공부하는 데 별로 힘이 들지 않게 된 것이다. 게다가 모르는 단어 위주로 공부하면서 부족한 점을 채워나가는 공부법이라 실력이 향상되는 걸 분명히 느낄 수 있었다.

하지만 주의사항이 하나 있었다. 단순히 영어 단어와 한국어 뜻만 보면서 익혔기 때문에 실제 고등학교 내신과 수능 영어를 공부하면서 문맥에 맞는 뜻을 연결하지 않으면 구멍이 생겼다. 이 영어 어휘 루틴 공부법은 영어 단어와 친숙해지는 시간으로 활용해야지 완벽히 외우는 데 중점을 두면 안 되었다.

학기 중에는 독해 지문에 나온 어휘가 문맥상 어떻게 쓰이는지 확인하면서 단어가 여러 뜻으로 어떻게 활용되는지 살펴보라고 조언했다. 대신에 방학이 다가오면 처음에 사용했던 루틴으로 잊어버린 단어를 되찾아 오는 공부를 하면 효과가 좋다고 했다. 오경제 멘토는 중3 겨울방학부터 고3 여름방학 때까지 총 6회에 걸쳐 영어 단어 교재를 약 9개월 동안 135회독을 하며 수능 영어 기출 어휘를 정복할 수 있었다.

본인은 실천하지 않았지만, 활용 가능한 공부법이 있어서 한 가지 추천했다. 국어 문법 파트와 영어 문법 파트도 마찬가지로 정해진 유형이 있으니 여러 차례 회독하는 방법을 택하면 분명 부족한 부분을 메우는 공부법이 된다는 것이었다. 대신 어휘보다는 조금 더 시간을 투자해야 할 수도 있다고 했다. 그래도 중3 겨울방학부터 매번 방학 때마다 하는 루틴을 만들면 분명 수능을 볼 때는 문법 마스터가 되어 있을 것이라 자부했다.

루틴이라는 게 꼭 평소에 매일 할 필요는 없다. 일정 기간에 몰아서 꾸준하게 목표를 달성하는 것도 하나의 루틴이 될 수 있다. 대신 다음 시기에 똑같이 루틴으로 여러 번 이어간다면 더욱 효과가 좋으니 잘 활용해 보기를 바란다. 지금 중학생이라면 고등학교 입학 전 2~3개월부터 공부 루틴을 꼭 만들어 보기를 바란다. 고등학생이라도 남은 방학 동안에 N회독 루틴 공부법을 실천한다면 분명 효과를 볼 것이라 믿는다.

멘토의 한 마디

"일정 기간에 몰입하는 것도 일종의 루틴 전략이다."

기출문제 분석 70일의 기적

☑ 윤아영 멘토(숙명여자대학교 정치외교학과&미디어학부)

《1등급 공부법》에서 국어 과목 성적이 급격히 향상되었던 사례로 이미 등장했던 윤아영 멘토의 사례를 루틴 공부법에 초점을 맞춰서 풀어보려고 한다. 다소 중복되는 내용도 있지만, 루틴 형성에 더 관심을 두고 살펴보기를 바란다.

수능을 두 달 반 정도 남겨두고 9월 모의평가를 치렀다. 그런데 이게 웬걸 국어 과목에서 4등급이 나온 것이었다. 대략 원점수로 환산해보면 60~70점 정도라고 볼 수 있다. 서울 주요 대학에 진학하기에는 턱없이 부족한 점수였다. 하지만 수시 원서를 접수할 때 모두 상향(도전)으로 썼기에 6개 모두 떨어지면, 벼랑 끝에 놓이게 될 상황이었다. 그래서 정시 준비를 위해 수능 날까지 포기하지 않고 수능 공부에 올인하기로 결심했다.

수능 시험 때까지 남은 날짜를 계산해보니 70일 정도 남아 있

☑ 국어 성적 올리기 70일 프로젝트

일자	목표점수	공부 루틴
D-70	4등급(65점)	오전 - 문제 풀기 저녁 - 보충 공부
D-60	3등급	
D-50	2등급(턱걸이)	
D-40	2등급(턱걸이)	
D-30	2등급(안정)	
D-20	1등급(턱걸이)	
D-10	1등급(턱걸이)	
11월 수능	1등급(안정)	

었다. 부족한 공부를 가장 빨리 해결할 방법이 무엇인지 조사한 결과, 기출 문제를 풀고 부족한 구멍을 찾아 메우는 일이라는 걸 알아냈다. 특히 수능 시험을 주관하는 한국교육과정평가원에서 만든 6월, 9월 모의평가와 수능 기출 문제를 활용하기로 했다.

대신 시간이 없으니 시험 문제를 풀 때는 실전과 같은 환경을 만들려고 노력했다. 다른 멘토들이 한 방법과 똑같이 수능 시험 날 시간에 맞게 바이오 리듬도 맞추고 환경도 비슷한 상태를 유지하려고 했다. 심지어 국어 시험을 보기 전에 남는 30~40분의 시간도 마치 실제 시험장에서 하는 공부처럼 루틴을 만들고자 했다.

우선 국어 시험 시간에 맞춰 8시 40분부터 10시까지 80분 동안 실전 문제를 풀 듯이 문제를 풀었다. 9월 모의평가가 끝나면 간혹 진도를 나가지 않고 자습을 주는 과목도 있기 때문에 그런 시간을 활용해서 시험 문제를 풀었다. 혹은 1교시 수업을 할 때도 10분 정도 일찍 끝내주는 경우가 있어서 나름 거의 매일 8시 40분에 국어 기출 문제를 풀 수 있었다.

역시나 국어 실력이 부족해서 20일 정도는 여전히 점수가 나오지 않았고, 크게 실력이 향상되지는 않았다고 한다. 그런데 매일 이렇게 시간에 맞춰서 문제를 풀고, 야간 자율학습 시간 1차시 100분 동안에는 무조건 국어 기출 문제 지문과 선지를 비교하며 왜 자신이 틀렸는지 분석하는 시간을 가졌다. 특히 비문학과 문법 파트가 약해서 그 시간에 추가로 비문학 지문 구조도를 그리거나 문법 문제에 나온 개념을 정리했다.

이렇게 수능 국어 기출 문제 풀이 및 내용 정리 시간을 정해놓고 20일 정도 지내니까 아침에 기출 문제를 풀면서 긴장이 되지 않았고, 시간 내에 충분히 문제를 소화할 능력이 생겼다고 했다. 기출 문제를 매일 푸니까 어떤 순서로 문제를 풀어야 할지도 감이 잡혔다. 또한 지문 내용이 선지에 어떤 식으로 적용되어 나오는지도 슬슬 보이기 시작했다.

20일이 지났을 무렵 문제를 풀고 채점했을 때 여전히 1등급이 나오지는 않았지만, 2등급이 가끔 나왔다. 하지만 여전히 비문학과 문법 파트가 약해서 계속해서 같은 방식으로 아침에는 문제를 풀고, 저녁에는 내용을 정리하는 시간을 가졌다. 10월이 되자 자습하는 시간이 더 늘었고, 온전히 8시부터 집중하는 시간이 생겼다. 그래서 8시부터 8시 40분까지 전날 정리한 비문학 구조도를 다시 분석하며 감을 잃지 않으려 했고, 그동안 정리한 문법 내용을 N회독 하듯이 무한으로 복습했다.

덕분에 그날 보는 시험에 아침에 봤던 지문과 비슷한 주제를 가진 비문학 지문이 나올 때도 있었고, 문법 문제도 예시는 다르지만 같은 파트의 개념을 묻는 문제가 나와서 슬슬 자신감이 생기기 시작했다. 드디어 50일 정도가 되었을 때는 1등급 점수를 받을 수 있었다. 물론 안정적인 1등급 점수는 아니라서 불안했지만, 50일간 형성된 루틴 덕분에 수능 날까지 계속 부족한 부분을 채우면 1등급은 충분히 맞을 수 있을 거라는 자신감이 들었다.

수능을 15일 정도 앞두고는 운 좋으면 1지문 정도만 어렵게 느껴졌고, 아무리 어려워도 2지문 이상 손을 대지 못하는 문제는 없었다. 문법 문제도 50일 넘게 매일 5문제씩 푼 셈이니 250문제를 정리하며 어느 정도 교집합 요소를 찾게 되었다. 가끔 예외 법칙이 나와서 여전히 암기해야 했지만, 5문제 중 4문제는 계속 반복되면서 같은 개념을 묻는 문제가 나오자 쉽게 해결할 수 있었다.

수능을 앞두고 마지막 10일을 남기고서는 수능 날 아침에 볼 노트를 정리하기로 마음먹었다. 자주 틀렸던 비문학 분야의 지문과 구조도, 불규칙 문법 사항 중에 틀렸던 내용을 중심으로 2~3장 정도로 추려서 당일 아침에 볼 종이를 만들었다. 기존에 계속 경험했던 것처럼, 자신이 약한 분야의 지문이나 문법 사항을 아침에 요약된 노트를 통해 복습하니까 시험에 비슷하게 나온 문제의 경우 정답률을 높일 수 있었다.

드디어 수능 날에는 평소 루틴과 다를 바 없이 도착해서 국어 요약 노트를 펼쳐서 복습했다. '하늘은 스스로 돕는 자를 돕는다'고 하지 않았던가? 자신이 약했던 분야의 내용이 문제로 출제되었지만, 아침에 본 요약 노트의 내용과 비슷해서 수월하게 문제를 맞힐 수 있었고, 덕분에 고득점에 가까운 1등급을 받아서 대학 진학에 큰 도움이 되었다.

잠시 70일간의 기출 문제 풀이 루틴 공부법 전략을 되돌아보자. 습관이 형성되는 대략 20일 동안 꾸준하게 루틴을 유지한 덕분에 시험에 익숙해질 수 있었다. 여전히 1등급이 안 나와서 불안했지만, 부족한 걸 채우는 저녁 공부 루틴을 정착시켰다. 그리고 수능을 앞두고서는 아침마다 지난날 요약한 내용을 살펴보며 당일 시험에 직접적인 영향을 주는 효과를 봤다.

첫 20일간 형성된 루틴을 바탕으로 나머지 50일도 첨예하게 루틴을 형성할 수 있었던 루틴 공부법의 순기능을 살펴볼 수 있는 사례였다. 심판이 휘슬을 불 때까지는 시합이 끝난 게 아니다. 남은 날이 얼마 없다 하더라도 최선을 다해서 루틴을 지키는 공부법을 실천하면 분명 아무것도 하지 않는 지금보다는 분명 좋은 결과를 얻을 수 있을 것이다.

멘토의 한 마디

"루틴이 형성되는 시간과 원리를 맛보면
다른 루틴은 쉽게 따라온다."

논술 쓰기 100일의 힘

☑ 정지원 멘토(성균관대학교 글로벌경영학과&철학과)

논술 시험에 대한 통념 중 하나는 '운'이라고 생각하는 것이다. 그래서 많은 수험생이 논술 전형으로 대학에 갈 확률은 희박하다고 믿는다. 하지만 정지원 멘토는 논술도 공부하면 승부를 걸 수 있다고 했다. 그녀가 실천했던 논술 쓰기 100일 플러스 알파 이야기를 들으며 루틴 논술 쓰기가 도움이 되는지 살펴보길 바란다.

다양한 입시 전형 중 논술 전형에 관심을 갖게 된 것은 고2 2학기 2차 지필평가가 끝난 12월이었다. 내신 성적이 안 좋은 건 아니었는데, 자신이 원하는 대학에 가기에는 다소 불안하다고 생각했다. 또한 글쓰기에 관심도 있고 자신감도 있어서 논술 전형을 해보면 어떨까 고민하게 된 것이었다. 그런데 논술 쓰기 루틴 공부법에 앞서서 잠시 정지원 멘토의 어린 시절 이야기를 해볼까 한다.

이 멘토는 어린 시절부터 독서를 많이 한 것은 아니었고, 물론 독서광도 아니었다. 하지만 우연히 중학교 때부터 독서에 흥미를 붙이기 시작해서 한국 현대소설 및 단편소설을 하나도 빠뜨리지 않고 섭렵했다. 이때 생긴 문해력 덕분에 고등학교에 올라와서 공부도 충분히 따라갈 수 있었다. 게다가 가끔 치른 교내 논술 대회에서 종종 수상도 했다.

그래서 나름 자신에게 유리한 전형이라고 생각했기에 논술 전형을 선택한 것이다. 대부분 논술 전형으로 인생역전을 바라는 수험생이 있어서 이 부분을 더욱 강조해본다. 요약하자면, 중학교 시절 소설 등 문학 작품 독서를 많이 해서 문해력을 쌓았고, 이 덕분에 논술 대회에서 수상할 정도의 재능을 살짝 보였다.

교내 논술 대회에서 수상했다고, 대학 입시에 무조건 합격하는 건 아니다. 그리고 아무리 내신 성적이 좋다고 해도 붙기 어렵다. 논술은 철저하게 그 유형에 맞게 준비하고 충분한 연습이 동시에 이뤄져야 성공할 수 있는 유형이기 때문이다. 그렇다면 정지원 멘토는 논술 쓰기 루틴을 어떻게 만들었을까?

논술 준비를 제대로 시작한 것은 12월 중순 논술학원에 등록해서 어떤 식으로 기출문제가 나왔는지 파악하면서부터였다. 500자로 답변하는 문제와 1,200자로 답변하는 문제를 구분하며 하루 중 언제 논술 연습을 할 것인지 고민했다. 우선 500자짜리 논술 답변은 자투리 시간을 적극적으로 활용했다. 자투리 시간을 모으면 하루에 최소 1시간 정도는 만들어낼 수 있었기에 이 전략을 펼쳤다.

쉬는 시간 같은 짧은 자투리 시간에는 논술 문제를 분석해두고, 답변에 쓸 내용을 구상했다. 반면 식사시간이나 야간 자율 학습 중간 쉬는 시간 등 20분 정도의 시간에는 몰아서 답변을 적었다. 이렇게 매일 500자짜리 논술 답변은 1개씩 풀어냈다. 반면 1200자짜리 문제는 주말 이틀 동안 3시간씩 몰아서 답변하려고 노력했다.

12월 말부터 3월 말까지 100일 동안 이런 루틴은 계속 이어졌다. 처음에는 모범 답안과 비교했을 때 자신이 쓴 답안과 방향성이 조금 달라서 문제 유형에 맞게 답변을 구성하는데 많은 시간을 들였다. 논제마다 다른 유형을 파악하여 그에 맞는 답변을 쓰는 일은 100일 동안 계속되는 고민이었다고 했다. 그런데 무식이 용감이라고 다른 것 따지지 않고 100일 동안 루틴을 유지하며 계속 다양한 논제를 쓰다 보니 감이 잡혔다. 100일 만에 드디어 답변을 쓰고 나면 내가 잘 썼는지 못 썼는지 파악이 가능해진 것이었다.

4월부터는 슬슬 1학기 1차 지필 평가를 준비하느라 100일 동안 매일 한 것처럼 논술 논제를 풀어보지는 못했지만, 그래도

☑ 논술 모의고사 실천 계획표
  - 100일간 평일/주말 구분하여 루틴 유지
  - 최소 100개 이상 모의고사 완성(2학년 겨울방학)

평일	주말
논술 문제 분석하기 - 자투리 시간(5분)	논술 문제 분석 및 1200자 답변쓰기 - 오전 또는 오후(3시간)
500자 답변 쓰기 - 식사 시간(20분) 또는 야자 쉬는 시간(20분)	

1주일에 한 번은 꼭 감을 잃지 않기 위해 논술 모의고사를 풀었다. 1학기 때까지 내신이 중요해서 중간에 루틴이 엉클어지기도 했지만, 여름방학 때부터 다시 건강한 논술 쓰기 루틴으로 돌아올 수 있었다.

수능 최저 점수도 맞춰야 하기에 수능 공부를 소홀히 할 수 없어서 시간을 더 투자해서 하루에 500자 논제는 2개씩 풀기 시작했다. 물론 주말에는 기존 루틴처럼 1,200자짜리를 썼다. 나중에 논술 시험이 있는 날까지 답변을 모아본 결과, 400장 정도 논술을 썼다고 했다. 수능 최저를 맞추는 것도 중요하지만, 더 중요한 건 논술 답변이라고 생각해서 절대 논술 쓰기 루틴을 놓지 않으려 한 것이다.

심지어 모르는 논제가 나왔을 때 어떻게 정확히 답변할 것인지 하나의 패턴처럼 구조도를 만들어서 쓰는 루틴은 2학기 때부터 하기 시작했다. 100회를 넘어서 300회를 지나면서는 아무리 모르는 논제가 나와도 자신이 알고 있는 글의 구조 틀 안에 넣으면 자연스럽게 답변을 할 수 있었다. 논술은 생각을 아무렇게나 막 풀기보다는 논제에서 요구하는 정답이 있기에 정확하게 파악하여 적어내야 하는 것이었다.

특히 논제에는 비문학 지문이 자주 나오기 때문에 평소 국어 비문학 지문을 공부할 때 구조도를 그리는 연습을 매일 했다. 논술 논제에는 학과에서 요구하는 기준이 다를 수 있지만, 사회 문화, 경제, 정치 등 다양한 탐구과목의 내용도 나오기도 한다. 그래서 논술만 잘해서 되는 게 아니라 고등학교 교육과정 안에서 배우는 과목의 기본 지식도 갖추는 게 중요하다.

이렇게 치열하게 루틴을 지켜가며 400회에 걸친 논술을 풀어낸 결과, 정지원 멘토는 실제 시험에서 위기가 있었지만 극복해낼 수 있었다. 실제 한 대학교의 시험에서 논제에 정치 분야 비례대표제가 나왔는데, 자신은 배경 지식이 없었다. 하지만 정답은 지문과 논제 안에 모두 들어 있다는 사실을 루틴 논술 쓰기를 통해 알아냈기 때문에 괜찮았다. 우선 지문 내용을 구조도로 그려서 핵심을 파악했고, 평소 했던 논술 답변 틀 중에 적합한 것을 골라 정답을 적을 수 있었다.

덕분에 원하는 대학에도 진학했다. 다만 전공과는 조금 다르지만, 현재는 글을 쓰는 기자로 활발하게 활동 중이다. 인터뷰

때 말하기를, 고등학교 때 만든 글쓰기 루틴 덕분에 사회 현상 및 관련 정보를 정확하게 파악하여 자신의 글로 풀어내는 힘이 생겼다고 했다. 혹시 논술 시험 전형을 준비한다면 이런 루틴을 한번 만들어보길 바란다. 400번까지 아니더라도 100회 이상 써내면 분명 괜찮은 결과를 얻게 될 것이다.

멘토의 한 마디

"루틴 100일의 기적을 믿어보세요."

오답 노트 만들기도 루틴이다

☑ 조민석 멘토(고려대학교 신소재공학부)

진정한 공부의 목표는 내가 모르는 것이 없도록 만드는 것이어야 한다. 오답 노트 만들기를 반복 루틴으로 만든 조민석 멘토의 경우에는 이 명제를 지키기 위해서 피나게 노력했다. 앞으로 이야기할 사례를 통해 수학 공부의 본질에 대한 힌트를 자세히 살펴보며 얻어보길 바란다.

대부분 학생은 한 번 정도 틀린 문제를 다시 풀어보기는 하는 것 같다. 하지만 여러 차례 계속해서 같은 문제를 잘 풀지는 않는다. 하지만 조민석 멘토는 수학 공부에서 필요한 건 틀린 문제를 눈감고 풀 수 있을 때까지 무한 반복 공부법이 필요하다고 말했다. 특히 오답 노트를 정리하는 루틴을 만드는 것이 중요하다고 했다.

물론 그도 아무런 개념 없이 문제부터 풀지는 않았다. 우선 수학 개념을 자신이 잘 알고 있는지 파악하기 위해 개념서 내용을 읽고 쓰기를 반복하며 개념노트를 만들었다. 어느 정도 개념이 이해가 되면, 문제를 풀기 시작했다. 이때 비율을 개념 40%, 오답 점검 60% 비율로 잡고 가는 것이 좋다고 했다. 물론 나중에는 오답 점검 비율을 더 높이는 게 더 유효하다고 말했다.

남들과 다른 점이 하나 있다면, 수학 문제를 풀 때 절대 책에 쓰면서 풀지 않았다는 점이다. 연습장이나 빈 종이를 가져와 따로 풀이과정을 적어가며 문제를 풀었다. 그 이유는 만일 문제를 틀리면 다음에 여러 번이고 다시 풀어보기 위해서였다. 책에는 틀린 문제에 알아볼 수 있게 표시했다. 그리고 눈감고 풀 수 있을 때까지 무한 반복하며 오답 정리를 했다. 최소한 4~5회 정도 다시 풀어보며 오답 노트를 만들었다.

그리고 틀린 문제 번호 옆에는 날짜를 위에서 아래로 순서대로 적었다. 일주일 정도 지나면 다시 풀어보고, 문제 풀이 과정이 완벽히 기억이 나서 맞히면 오답 정리를 더는 하지 않았다. 놀랍게도 오답 정리를 한 날에는 분명히 기억이 났는데, 일주일이 지나면 풀이 과정이 기억나지 않았다. 이런 이유로 일주일 간격으로 계속 문제를 풀었고, 완벽하지 않으면 틀리니까 오답 노트를 정리한 것이었다.

고등학교 3년 내내 이 루틴은 계속되었고, 문제집에서 모르는 문제가 없어질 때까지 무한 반복하며 수학을 정복했다. 재미 있는 건 책에는 문제를 틀렸던 날짜만 적혀 있을 뿐, 풀이 과정과 같은 필기 흔적은 찾아볼 수 없었다. 이 방법이 오답 노트를 여러 번 하게 만들었고, 모르는 게 없어질 때까지 공부하게 만든 특급 비법이었다.

한 가지 특이한 점은 오답 노트를 만드는 방법이다. 책을 들고 다니기에는 무거우니까 틀린 문제만 따로 파일에 작성해서 저장했다. 이 방법의 첫 번째 장점은 휴대성이다. 두 번째 장점은 문제를 다시 적으면서 문제에 익숙해질 수 있다는 점이다. 마지막으로 세 번째 장점은 시간을 절약할 수 있다는 점이다. 틀린 문제만 모아 놓고 보니까 쓸데없이 아는 문제를 다시 풀 필요가 없었고, 손으로 쓰는 것보다 더 빠르게 문제를 적어둘 수 있었기 때문이다.

모의고사를 치르고 많은 학생이 오답 노트하는 것을 부담스러워한다. 게을러서 안 하는 경우도 많다. 혹은 노트에 적는 시간이 오래 걸리니까 시간 낭비라고 생각하며 합리화한다. 자신마다 다양한 이유를 들며 오답 노트를 소홀히 하는 경향이 있는데, 진짜 공부는 모르는 것을 확인하고 부족한 점을 채우는 것이기에 오답 노트 만들기 루틴은 꼭 필요하다.

조민석 멘토는 문제를 두 번, 세 번 푼다고 창피한 게 아니라고 했다. 오히려 쓸데없는 자존심은 버리고 오답 문제를 눈감고도 풀 수 있을 때까지 풀어봐야 한다고 말했다. 진짜 창피한 건

☑ 수학 오답 노트 루틴 만들기 꿀팁

1. 책에 풀이과정을 쓰지 않는다.
   - 빈 노트에 새롭게 다시 쓰기

2. 문항 위에 문제를 푼 날짜를 적는다
   - 틀린 문항을 체크하여 무한 반복

3. 일주일의 시간 간격을 두고 다시 푼다.
   - 기억의 한계를 극복하기 위해 시간 간격 두기

4. 풀리지 않는 문항만 골라서 파일을 만든다.
   - 휴대성, 문제에 익숙해지기, 시간 절약 효과

문제를 틀려서가 아니라 잘 알지도 못하면서 아는 체하는 것이라고 했다.

정말 그렇다. 잠깐 틀린 게 부끄러울 수 있지만, 실제 중요한 시험에서 맞힐 수만 있다면, 지금 틀린 건 오히려 모르는 걸 맞히도록 하는 기회로 바꿀 수 있는 게 아닌가!

끝으로 무한 반복 공부 루틴이 왜 도움이 되는지 인터뷰해서 강조했기에 공유해본다. 틀린 문제를 한 번만 보고 끝내려고 한다면, 정말 자신의 한계점이 어디쯤인지 알 수 없다고 했다. 특히 열심히 공부했는데 성적이 안 나와서 고민이라면, 객관적인 지표를 통해 자신의 위치를 확인할 수 있는 방법을 모색해보라고 했다.

처음에 100점 만점 중 60점이 나왔다고 가정해보면, 아직 40점이 부족한 상태이기에 그 부족한 부분을 채우기 위해서 노력이 필요하다고 했다. 그 방법으로 틀린 부분을 점검하고, 내 것으로 만들기 위해서 노력하면 다음에는 그 부분을 채웠으니 70점으로, 다음엔 80점으로 점점 점수가 올라가는 걸 확인할 수 있다고 했다.

그런데 틀린 것을 한 번만 봐서는 절대 부족한 부분을 채울 수 없다고 했다. 운 좋게 다음에 70점이 나왔다고 해도, 시간이 지나면 다시 망각되는 부분이 생기기에 온전히 내 것이 될 때까지 무한 반복 공부 루틴이 필요하다는 말이다. 오답 처리를 한 번만 하는 것도 힘든데 N회를 하라고 하니 당황스러울 수도 있을 것 같다. 하지만 이 또한 루틴이 되면, 나중에는 '누워서 떡 먹기'가 될 것이다.

멘토의 한 마디

"눈 감고도 풀 수 있을 때까지 반복하는
공부 루틴을 만드세요."

루틴으로 이겨낸 의대생 공부법

☑ 임규리 멘토(한림대학교 의학과)

고3 시작할 때 임규리 멘토의 성적은 의대를 갈 성적이 아니었다. 특히 수능과 유사한 첫 시험인 6월 모의평가에서는 수학은 4등급이 나왔고, 과학탐구는 3~4등급을 받았다. 이 점수를 그대로 수능 날까지 가져간다면 의대는커녕 서울에 있는 대학조차 진학하지 못했을 것이다. 그런데 어떻게 마치 영화나 드라마에서 볼 수 있는 것처럼, 인생역전 드라마를 만들어낼 수 있었을까? 지금부터 그 사례를 살펴보자.

내신 성적이 의대를 갈 만큼 좋지는 않았다. 그래도 수능은 정해진 방식에 의해 출제되는 시험이기에 그 방식을 알고, 효율적으로 공부하면 분명 유효한 결과를 만들어낼 수 있을 것이라는 막연한 믿음이 있었다. 6월 모의평가 이후 수능 날까지 5개월 동안 끈질기게 포기하지 않고 해낸 루틴 공부법의 비결은 공부에 집중할 때와 아닐 때를 구분하여 규칙적인 생활을 하는 거였다.

대부분 학생이 여름방학 이후에 무너진다는 사실을 학교 선생님들도 친한 선배들도 목 놓아 말했단다. 그리고 수능 날까지 계속 꾸준하게 공부만 할 수 있다면, 그해 입시는 성공한 것이라는 말도 귀가 닳도록 들었다고 했다. 이 말을 그냥 흘려들었을 수도 있겠지만, 의대 진학이 간절했던 그녀는 허투루 듣지 않고 남은 시간 동안 하루도 빠짐없이 최선을 다해야겠다고 다짐했다.

우선 남은 5개월 동안에 어떻게 수학과 과학탐구 점수를 올릴 수 있을까 고민했다. 그래서 6월 모의평가 문제를 다시 복기해보면서 왜 틀렸는지 이유를 찾았다. 이유는 단 하나였다. 개념조차 몰라서 문제에 손을 대지 못했던 것이었다. 그래서 우선 개념서 목차를 꼼꼼하게 확인하며 자신이 부족한 개념이 무엇인지 파악했다.

목차를 정리하고 나니 수능 날까지 남은 시간 동안 무엇을 공부해야 할지 분량 확인이 가능했다. 이때부터 계속해서 목차에서 모르는 부분을 체크하고, 남은 시간에 어떻게 공부해야 할지 꾸준하게 계획을 세우고 실천할 수 있었다. 산에 오를 때 '정상'이라는 목표를 뚜렷하게 잡고, 정해진 시간 안에 도착하기 위해서 어느 지점까지 가야 하는지 모두 계획한 것이었다.

딱 중간지점을 9월 모의평가로 잡았다. 성적도 수학은 2등급까지, 탐구과목도 2등급까지만 올리자고 생각했다. 매일 최선을 다하되 대략 30일마다 한 번은 푹 쉬면서 충전하고 다시 공부 루틴으로 돌아와야겠다고 생각했다. 그래서 7월 중순 때까지는 하루도 쉬지 않고 공부만 했다. 대신에 1학기 2차 지필 평가가 끝난 주말에 하루는 자신이 하고 싶은 대로 휴식하고, 영화도 보고, 맛있는 음식도 시켜서 먹고 공부로부터 해방되는 날을 보냈다.

그리고 다시 9월 모의평가 때까지 약 30일 동안 쉬지 않고 달렸다. 하루도 무너지지 않고 70일 정도 달려온 덕분인지 몰라도 9월 모의평가 때는 자신이 목표한 대로 수학과 과학탐구 두 과목 모두 2등급으로 끌어올릴 수 있었다. 그리고 약 30일 후인 10월 초 중반쯤에 마지막으로 자유의 날을 보냈다. 이런 식으로 공부 주기와 휴식의 날을 정해 장기 루틴을 형성한 덕분에 오히려 슬럼프 없이 수능 날까지 집중력 높게 공부에 임할 수 있었다.

놀랍게도 수능 날에는 놀라운 점수를 받게 되었다. 한 번이 아니고 두 번 놀라야 한다. 첫째는 4등급이었던 수학은 100점을 받을 수 있었고(정말 놀랍다!), 과학탐구도 생명과학은 2개 틀려서 1등급, 화학은 50점 만점을 받았다. 영어는 1개 틀려서 1등급을 받았다. 참고로 이 시절에는 수능 영어 과목이 상대평가라서 2개 틀리면 2등급이 나오기도 했다. 여기까지가 첫 번째로 놀랄 일이다.

두 번째는 자신이 가장 자신 없었던 물리 관련 비문학 지문이 국어에서 나와서 4개 틀려서 3등급을 받았다는 점이었다. 참고로 6월 모의평가 때는 국어 과목은 1등급을 받았었는데, 다른 과목에 집중하면서 소홀했더니 점수가 떨어진 면도 있다. 하지만 정말 다행히도 국어 비중이 별로 높지 않은 의대 입시 전형이 있어서 자신이 그렇게 바라던 의대에 진학할 수 있었다.

문해력을 발동시켜서 이 사례의 포인트가 무엇인지 정리해 보자. 첫째는 150일 동안 3일을 제외한 나머지는 하루도 허투루 보내지 않고 끝까지 루틴을 유지했다는 점이다. 둘째는 중간에 푹 쉬는 지점을 만들어서 충전을 통해 루틴을 이어갈 힘을 마련했다는 점이다. 셋째는 뭐든지 꾸준히 하면 결과를 만들어낼 수 있다는 점이다. 동시에 반대로 꾸준히 하지 않으면 실력이 떨어진다는 점이다.

의대에 진학한 후에 고등학교 때와 비교가 안 될 정도로 공부량이 더 늘었다. 하지만 고등학교 때 만들었던 루틴을 꾸준히 지키는 비법 덕분에 의대에서도 도태되지 않고 교육과정을 잘 따라갈 수 있었다. 학기 중에는 절대 쉬지 않고, 계획한 것을 그대로 지켜가며 공부했다. 대신에 방학 때 뒤돌아보지 않고 여행을 많이 다니며 경험을 쌓고 휴식도 취하며 충전했다. 그랬더니

☑ 고3 수험생의 6월 이후 30일마다 휴식 루틴 세우는 방법

구분	공부 목표
6월 모의평가 결과	수학 4등급 / 과학탐구 2개 3~4등급
7월	수학에 올인 / 내신 준비
2차 지필평가 이후	주말 하루 펑펑 놀기
8월	수학/과학 빈틈 메우기
9월 모의평가	수학/과학 2등급으로 끌어올리기
9월 모의평가 이후	주말 하루 펑펑 놀기
9월	수학/과학 1등급으로 끌어올리기
10월	수학/과학 1등급으로 끌어올리기
10월 중반 쯤	주말 하루 펑펑 놀기
11월 수능 당일	수학/과학 모두 만점 받기
결과	수학(1등급) - 100점 만점 생명과학(1등급) - 2개 틀림 화학(1등급) - 50점 만점

다시 학기로 돌아왔을 때 아무리 힘들어도 다음 방학을 생각하며 끝까지 버티며 공부 루틴을 이어갈 수 있었다고 했다.

임규리 멘토는 인터뷰에서 이렇게 말했다. "아무리 루틴을 잘 유지해도, 계속 공부하다 보면 지쳐서 갑자기 슬럼프가 올 수 있다. 그럴 때는 루틴을 깨고 잠시 쉬었다 가는 게 오히려 루틴을 유지하는 데 도움이 된다." 의대생이라고 안 쉬고 공부만 할 것이라고 오해하지 말자. 오히려 때로는 잘 쉬고, 충전 및 보상 루

틴을 통해 그들이 더 열심히 공부할 수 있다는 것을 기억하자.

**"루틴을 유지하기 위해서는 꼭
보상 루틴을 만들어야 한다."**

영어 만점 루틴 공부법

☑ 김예은 멘토(연세대학교 영어영문학과)

고등학교에 입학해서 첫 시험에서는 영어 4등급을 받았지만, 고3 때는 모든 영어 과목에서 100점 만점으로 전교 1등을 했던 멘토의 사례가 있다. 김예은 멘토는 5단계 내신 영어공부법을 개발했다. 그런데 자세히 살펴보면, 공부 패턴이 있는 루틴 공부법 사례라는 걸 알 수 있다. 꼭 시간의 흐름에 맞게 하는 행동이 루틴이 아니라 단계적으로 반복되는 행동이 있다면 그것도 루틴이 될 수 있다. 영어 만점 루틴 공부법은 무엇일지 살펴보자.

영어 수업 시간에 배우는 지문 하나가 있다고 가정해보자. 그러면 보통 학생들은 어떻게 복습할까? 아마도 공부법을 잘 모르는 학생이라면, 한 문장씩 분석하며 정확하게 해석하고 있을 것이다. 그래도 조금 나은 친구라면 글의 전체 내용, 즉 주제가 무엇인지 파악하며 공부할 것이다. 대부분 학생은 영어 지문을 복습할 때 이 정도 수준에서 그친다.

하지만 김예은 멘토는 좀 더 구체적이고 세분화하여 복습했다. 사실 수업 시간에 내가 강조한 공부법이기도 한데, 이를 적절하게 응용하여 실천했던 것이었다. 우선 5단계로 구성되어 있고, 단계별로 초점을 두는 부분이 다르다. 1단계는 지문 내용 요약, 2단계는 어법 분석, 3단계는 어휘 분석, 4단계는 논리적 구조 분석, 그리고 마지막 5단계는 예상문제 만들기다.

1단계 지문 내용 요약을 위해서는 편하게 지문을 다시 읽으며 키워드가 무엇인지, 그래서 글 전체 내용이 말하고자 하는 주제 및 핵심 내용이 무엇인지 간략하게 정리하는 것이다. 수업이 끝나면 바로 쉬는 시간에 5분 정도 시간을 할애하여 쭉 훑어보면서 핵심 내용을 요약하여 지문 위에 검정펜으로 적었다. 그날 배운 내용은 그날 바로 정리하니까 기억에도 잘 남았다. 또한 자신이 잘 모르는 분야라서 배경 지식이 부족한 지문의 경우에는 별표를 표시해서 관련 주제의 글을 더 찾아보려고 했다.

2단계 어법 분석을 위해서는 해석보다는 문장 구조와 문법적 요소를 확인하며 어법 문제로 나올 수 있는 경우의 수를 모두 파악하였다. 그래서 세 개 이상의 문법 요소가 보이면 지문 위에 '어법'이라고 표시했다. 나중에 N회독 공부할 때 이 지문은 어법 문제로 변형되어 나올 수 있다고 생각하여 어법에 초점을 맞춰서 공부했다. 그리고 어법 요소가 들어 있는 부분에는 빨간색으로 표시했다.

3단계 어휘 분석을 위해서는 글의 흐름상 키워드가 될 수 있는 어휘에 주목했다. 특히 그런 어휘 중에 반의어가 명확하거나 유의어가 있는 경우라면 어휘 문제로 변형되어 나올 수 있기에 파란색으로 동그라미 치고, 주변에 유의어와 반의어를 적어두었다. 수업 시간에 선생님께서는 시험에 자주 나오는 어휘 유의어와 반의어를 필기해주셨기에 이때 적어둔 빈출 어휘 기반으로 해서 예측해 보는 것이었다.

4단계 논리적 구조 분석은 사실 노림수였다. 수능 영어 시험 유형 중에는 간접 쓰기라 하여 '순서 추론, 무관한 문장, 문장 삽입' 등 문장 간의 유기적인 논리성을 파악하는 고난도 유형이 있다. 이런 유형의 문제를 정복하지 않으면 고득점을 받기가 어렵기에 김예은 멘토는 이 부분까지 고려하여 지문을 분석했던 것이었다.

논리적 구조 분석을 위해서 항상 문장 다음에는 왜 이런 내용의 문장이 쓰였는지 고민했다. 계속 문장을 분석하다 보니 문장 앞뒤에 어떤 문장이 오는지 보이기 시작했다. 한 문장의 다음 문장에는 앞 문장 내용을 뒷받침하거나 예시가 되는 문장이 오거나 반대 의견을 제시하는 문장이 오는지 등 다양한 글의 흐름을 파악했다.

순서 추론 문제 같은 경우에는 나뉜 문장들의 분량 비율이 비슷하게 나뉘면 해당 유형으로 출제 가능성이 커서 끊어지는 부분에 '/' 표시를 하고, 지문 위에는 '순서'라고 적었다. 혹은 연결사가 있는 지문의 경우에는 연결사에 네모를 쳐서 글의 흐름을 파악하려고 노력했다. 간접쓰기 유형이든 연결사 빈칸 추론 유형이든 동시에 두 마리 토끼를 잡는 공부법이 되었다.

마지막 5단계 예상문제 만들기는 쉽지 않은 작업일 수 있다. 웬만큼 출제를 해보지 않는 이상 사실 예상 문제를 만드는 건 쉽지 않다. 하지만 문제를 많이 풀어봐도 문제 유형이 어떻게 구성되고, 출제자가 묻고 싶은 의도가 무엇인지 파악할 수 있다. 이미 1~4단계에서 영어 시험에 자주 반복해서 나오는 문제 유형을 정리했다. 이 외에도 다른 유형 문제까지도 지문이 변형 출제될 가능성이 있으면 지문 위에 해당 유형명을 적어두었다.

사실 그날 배운 지문은 바로 그날 복습을 했는데, 한꺼번에 정리하지 않고 다른 과목 공부하다가 중간에 10분 이내로 단계별로 초점을 두어야 하는 부분만 집중해서 공부했다. 진득하게 앉아서 1~2시간씩 영어공부에 몰입하는 건 아니었지만, 영어공부를 좋아해서 일종의 보상으로 한 것이었다. 게다가 같은 지문을 다른 각도로 여러 번 반복할 수 있으니 장기기억에도 도움이 되어 시험 직전에 암기할 때도 효율적으로 공부할 수 있어서 시간을 줄였다.

☑ 5단계 영어 만점, 쉬는 시간 활용 루틴 학습법

1. 지문 내용 요약 (1차)
   - 핵심 내용(주제) 지문 위에 적기

2. 어법 분석 (2차)
   - 문장 구조, 문법 요소 빨간색으로 체크
   - 지문 위에 '어법'이라고 표기

3. 어휘 분석 (3차)
   - 파란색으로 어휘 체크
   - 유의어, 반의어 찾기

4. 논리적 구조 분석 (4차)
   - 다음 문장에 나오는 내용 논리적 관계 확인

5. 예상 문제 만들기 (5차)
   - 출제자의 의도 파악
   - 지문별 출제 가능한 유형으로 변형

우리는 보통 한 번에 모든 요소를 보려고 하는 경향이 있다. 하지만 이 멘토 사례를 통해서 한 포인트에만 집중해서 공부하는 방법을 배울 수 있었다. 이렇게 5단계로 영어 한 지문을 단계별로 나눠서 공부하는 방식도 어느새 루틴이 되어 영어 만점 공부법으로 승화시킨 것이다. 혹시 영어 성적을 향상시키고 싶다면, 이 방법을 따라해보면 좋겠다.

"공부 루틴을 만들 때 어디에 초점을 둘지
고민하는 것도 루틴 형성에 도움이 된다."

장소에 따른 루틴 만들기

☑ 장선우 멘토(이화여자대학교 커뮤니케이션미디어학부&사회학과)

루틴이라 하면 우리는 보통 시간의 흐름을 많이 생각한다. 하지만 루틴은 환경, 즉 장소의 영향을 많이 받는다는 걸 알 수 있다. 공부하는 수험생의 경우에는 그래서 더욱 루틴을 만들 때 장소를 고려해야 한다. 공부 루틴을 만들기 위해서 철저하게 장소를 구분하여 루틴을 만든 장선우 멘토의 사례를 살펴보자.

루틴 형성에서 가장 도움이 되는 건 루틴과 루틴을 연결하는 것이다. 학생들은 매일 학교에 가서 공부한다. 매일 같은 장소에서 루틴이 일어난다는 의미다. 그래서 이를 잘 활용할 필요가 있다. 장선우 멘토는 철저하게 공부하는 장소와 쉬는 장소를 구분하여 공부 루틴을 만들었다.

아침 8시부터 밤 10시까지 항상 공부하는 장소는 학교라서

☑ 장소별 공부 루틴 만드는 방법

구분	공부 장소	휴식 장소
학교 안	1. 학교 교실 2. 학교 도서관 3. 복도 사물함 등	1. 운동장 2. 스탠드 3. 벤치 등
학교 밖	1. 공공 도서관 2. 사설 독서실 3. 스터디카페 4. 일반 카페 등	집 (자는 방, 소파 등)

웬만하면 공부하는 곳은 학교로 국한시키려 노력했다. 그래서 주말에도 집을 나와 40분이 걸려도 학교 도서관에 와서 공부했다. 평일에는 공부하는 장소는 학교 교실, 주말에는 학교 도서관 이렇게 학교라는 장소에서 루틴을 만들었기에 하루도 빠짐없이 공부하는 시간을 확보할 수 있었다.

대신에 집에서는 집중해서 책을 보는 공부가 아니라 다음 날 계획을 세우거나, 인터넷 강의를 보거나, 수행평가를 하거나 앉아서 공부하는 루틴이 아닌 다른 일을 하려고 했다. 물론 공부와 관련된 행동을 할 때는 잠을 자는 방이 아닌 거실 테이블이나 부엌 식탁에 앉아서 했다. 철저하게 장소별로 해야 할 행동을 구분해서 루틴을 만들었던 것이었다.

이렇게 장소별로 루틴을 달리 만들면서 더욱 첨예한 루틴을 만들 수 있었다. 학교에서도 장소는 여러 장소로 구분될 수 있기 때문이다. 교실 안에서도 자기 자리에 앉아서 할 수도 있고, 교실 뒤에 키다리 책상에 서서 공부할 수도 있다. 게다가 야간 자율학습 시간에는 복도에 있는 사물함 위에서도 공부할 수 있기에 공부 장소를 바꿔가면서 공부 루틴을 형성했다.

예를 들어, 수업 시간을 포함한 대부분 시간은 교실 자기 자리에서 공부했다. 하지만 집중력이 떨어지는 쉬는 시간에는 일부러 교실 뒤에 있는 키다리 책상에서 공부했다. 그러면 다른 친구들이 공부태세를 취한 것으로 보고, 말을 걸거나 공부를 방해하는 행동을 하지 않았다고 했다.

그리고 너무 졸리면 곧바로 복도로 나가서 사물함 위에 책을 펴놓고 공부했다. 잠시 찬바람 쐬면서 뇌에 산소 공급을 통해 잠도 깨고, 주위 환기 및 집중력을 올리는 효과도 얻을 수 있었다. 다만 집중력이 조금 떨어진 상태니까 일부러 자신이 자신 있는 과목을 공부했다. 반대로 초집중해서 공부해야 하는 어려운 과목의 경우에는 컨디션이 좋을 때 하려고 했다.

이렇게 장소에 따라서 자신에게 효율적인 공부 과목이나 방법을 찾아가며 다르게 공부했다는 점이 주목할 만하다. 시간과 장소에 따라 공부 루틴을 완벽하게 형성한 후에는 자투리 시간마다 장소를 정해서 다른 과목을 공부했다.

예를 들면, 5분 이내의 짧은 자투리 시간에도 다른 방법으로 공부 루틴을 만들었다. 쉬는 시간마다 키다리 책상에 서서 타이

☑ 학습 능률에 따른 공부 장소 및 과목 구분법

구분	공부 장소	공부 과목
컨디션 good	자기 자리	어려운 과목 또는 싫어하는 과목
컨디션 bad	교실 내 스탠드 책상 또는 복도 사물함	쉬운 과목 또는 좋아하는 과목

머를 설정해 놓고 5분 동안 정리한 노트를 펴놓고 아직 외워지지 않은 내용을 외우려고 노력했다. 점심 혹은 저녁 식사시간에는 줄을 서 있을 때도 쉬는 시간마다 계속 보던 노트를 들고 내용을 보면서 기다렸다. 이렇게 5분이라는 짧은 시간에는 서서 공부하는 루틴을 실천하며 동시에 자신이 이미 이해하면서 정리한 노트를 보면서 N회독 공부법을 진행했다.

점심 혹은 저녁 식사시간에는 20분 정도 앉아서 공부할 시간이 있어서 시간 내에 풀 수 있는 문제를 정해놓고 풀고 채점했다. 예를 들면, 수학 과목이 약해서 이 시간을 통해서 부족함을 채우려 노력했다. 어려운 수학 문제의 경우에는 10분 이상 걸리기 때문에 평소 틀렸던 어려운 4점짜리 수학 문제를 푸는 시간으로 정했다.

점심 식사 시간에 다행히 10분 만에 문제를 해결하면, 정답을 보면서 나머지 10분은 다시 정리하는 시간을 가질 수 있었다. 다만 20분이 넘도록 해결되지 않으면, 저녁 식사 시간에 이어서 풀고 채점하면 되니까 하루에 고난도 수학 문제를 최소 1~2개씩 푸는 루틴을 만들 수 있었다. 별 거 아닌 것처럼 느껴질 수 있지만, 이렇게 일주일 동안 하면 5~10개 문제, 한 달 동안은 20~40개, 6개월이면 120~240개, 1년이면 240~480개 고난도 수학 문제를 풀어볼 수 있으니 성적 향상이 안 될 수 없었을 것이다.

끝으로, 아침과 밤에 통학버스를 타고 이동할 때는 잠깐씩 집중해서 공부할 수 있는 영어 단어를 공부했다. 잠깐 단어를 보고, 그다음엔 머릿속으로 되새기면서 외우면 되었기 때문이다. 비록 이동 시간은 40분으로 긴 시간이지만, 흔들리는 차 안에서 오랜 시간 글자를 보면서 공부하면 오히려 어지럽고 멀미가 났다. 그래서 이 장소에서 가장 효율이 높은 공부 방법을 고민했던 것이었다.

장소별로 자신이 정해놓은 공부 과목이나 방법을 하나의 루틴으로 만들어 가다 보면 자연스럽게 자투리 시간도 의미 있게 활용할 수 있게 된다는 사실을 알 수 있다. 시간적인 요소뿐만 아니라 장소라는 요소도 루틴 형성에 얼마나 큰 영향을 줄 수 있는지 이 사례를 통해 이해하고 장소별 루틴을 하나씩 만들어 가길 바란다.

"장소마다 정해놓은 루틴을 만들면,

멈추지 않고 공부하는 자신을 발견할 것이다."

일기 쓰기로 공부 루틴 유지하기

☑ 유가연 멘토(고려대학교 교육학과&경영학과)

일기 쓰기가 어떻게 공부 루틴이 되느냐 물을 수 있다. 그런데 공부를 지속하기 위해서는 인지적인 능력도 중요하지만, 비인지적인 능력도 많은 영향을 주기에 비인지적 능력과 관련된 활동을 병행하는 것이 필요하다. 비인지적 능력 중 가장 중요한 건 '감정 관리'다. 특히 공부하며 스트레스가 극에 달하는 수험생의 경우에는 감정 통제가 안 되면 무너질 수 있기 때문이다.

다행히 감정을 조절하고 통제하기 위한 좋은 방법이 있다. 누군가에게 말을 하든지, 종이에 글로 쓰든지 생각과 감정을 풀어내는 것이다. 이를 느끼고 유가연 멘토는 다양한 방법으로 자신의 감정을 어딘가에 풀어내는 루틴을 만들었다. 그 사례를 자세히 살펴보자.

요새 유행하는 16가지 성격유형 검사인 MBTI에 따르면, 유가연 멘토는 'F(감정)'와 'P(인식)' 성향을 보인다. 'F(감정)'형의 경우에는 판단을 내릴 때 원리 원칙에 얽매이기보다는 인간적인 관계나 상황적인 특성을 고려하여 결정한다. 또한 정서적 측면에 집중하고, 논리적인 판단이나 원칙보다 사람들에게 가져올 결과를 더욱 중시하는 경향이 있다.

생활양식 중 'P(인식)'형의 경우, 판단보다는 인식에 더 영향을 받는다고 한다. 상황에 맞추어 활동하고, 모험이나 변화에 대한 열망이 더 높다. 또한 매사에 호기심이 많고, 사전에 계획을 세웠다 하더라도 상황에 따라 융통성 있게 행동하는 경향을 보인다.

이를 통해 유추해볼 때, 유가연 멘토의 경우엔 계획적으로 공부하기 어려운 성향이라 볼 수 있다. 그런데 어떻게 루틴을 철저하게 유지할 수 있었을까? 그 비결은 처음에 말한대로 철저하게 감정을 통제하는 루틴을 만들었기 때문이다. 상황에 따라 감정이 흔들리기에 그 감정을 일단 잡아두고, 의식적으로 하루를 살아가려는 노력이 유효했다.

아무리 아침부터 잠들기 전까지 철저하게 루틴을 지키며 살아간다고 하더라도 중간에 감정이 흔들리면 무너질 수 있다. 특히 자신의 성향이 감정에 영향을 많이 받는다면 그럴 수 있다. 이런 점을 인식하고, 매일 밤 마음을 다잡는 시간을 가졌던 것이었다.

그렇다고 특별한 일기장을 만든 건 아니었다. 매일 작성하는 플래너에 공간을 두고, 일기처럼 편하게 하루를 어떻게 보냈는지 적어가며 자신의 감정을 풀어냈다. 특히 하루 루틴 중에 지키지 못한 경우 왜 그랬는지 분석했다. 방법적인 문제도 있었지만, 상황에 따라 감정에 따라 흔들렸던 자신의 모습을 되돌아보며 다시는 흔들리지 않아야겠다고 다짐했다.

물론 천성적인 부분을 바꾸기는 쉽지 않았다. 그러나 이렇게 일기 쓰듯이 플래너에 감정을 살피는 행동을 반복하니까 어느새 자신을 잘 통제하고 있다는 느낌을 받았다. 덕분에 다음 날에는 지난밤에 반성한 내용은 반복해서 실수로 만들지 않으려고 노력할 수 있었다. 이런 방식으로 매일 공부 루틴을 꾸준히 유지했기에 성공적으로 입시로 이어갈 수 있었다.

공부를 꾸준하게 하는 것도 중요하지만, 입시에 성공하기 위해서는 시험 점수를 잘 받는 것도 중요하다. 그런데 유가연 멘토는 시험 볼 때마다 잔뜩 긴장해서 실수로 문제를 틀리는 경우가 종종 있었다. 심지어 아침을 먹고 시험을 보면 체기가 있어서 시험 보는 날에는 아침 식사를 일부러 하지 않았다.

이 정도로 시험에 예민했지만, 계속 그럴 수는 없었다. 중요한 시험에서 그랬다가는 아무리 평소에 노력했어도 좋은 결과를 얻지 못할 게 뻔했기 때문이다. 다행히도 시험이 끝날 때마

☑ 공부 감정을 컨트롤하는 방법 2가지

1. 매일 일기쓰기
   - 플래너 작성 시 그날 자신의 감정을 기록
   - 학습 진행사항 점검하며 공부 루틴 유지
2. 감정노트 작성
   - 오답노트 작성 시 시험에 대한 자신의 감정 기록
   - 감정 쓰레기통으로 활용하여 감정 다스리기

다 했던 루틴 덕분에 이런 징크스를 극복할 수 있었다.

내신 시험이든, 수능 모의고사 시험이든 시험이 끝나면 오답노트 정리와 함께 시험을 보면서 아쉬웠던 점과 잘한 점을 함께 정리했다. 아쉬웠던 점은 다음에 고치기 위해서였고, 잘한 점은 자신에게 스스로 칭찬하며 계속 공부를 열심히 할 동기를 부여하기 위해서였다.

예를 들어, 국어 시험에서는 너무 긴장을 많이 해서 실수로 몇 문제를 틀렸다고 적었다. 그리고 다음에는 긴장하지 않아서 실수를 줄여야겠다고 다짐했다. 영어 시험은 준비한 만큼 성적이 잘 나와서 만족한다고 적었다. 수학 시험은 너무 많이 틀려서 어디서부터 잘못된 것인지 부족한 개념 분석이 필요하고, 왜 시험 볼 때 멘탈이 무너지는지 그 이유를 살펴보겠다고 생각의 흐름에 맡기며 자유롭게 일기 쓰듯이 써 내려갔다.

실제 그때 썼던 오답 노트와 감정 노트를 살펴본 적이 있었는데, 사소한 이야기까지 누군가에게 말하듯이 자세히 적혀 있었다. 비록 이렇게 감정을 정리하는 시간이 걸렸지만, 일명 '감정 쓰레기통'을 활용하는 루틴을 만들 수 있었다. 덕분에 시험 후에도 결과에 따른 감정적인 영향을 받지 않게 되었다.

많은 학생이 항상 시험 후에 좌절하고, 그 정도가 심하면 공부 슬럼프로 이어지기 마련이다. 하지만 유가연 멘토는 철저하게 감정을 통제하는 일기 쓰기 루틴을 만들었고, 수험생활을 하는 동안에 한 번도 무너지지 않고 끝까지 포기하지 않는 자세를 기를 수 있었다. 공부 방법도 중요하고, 공부 루틴도 중요하지만, 더 중요한 것은 꾸준하게 공부를 하는 것이다. 그 꾸준함을 만들어주는 요인 중 하나는 공부할 때 쌓이는 스트레스와 부정적인 감정을 해소하는 것이다. 그 방법으로 일기 쓰기는 큰 효과가 있으니 꼭 실천해보길 바란다.

멘토의 한 마디

"매일 밤 일기 쓰기는 다음 날 루틴을 힘차게 시작하게 만드는 원동력이다."

 **2장**

왜(Why)
루틴인가?
루틴의 효능

해야 할 일 vs. 하고 싶은 일

　살아가면서 하고 싶은 일만 하고 살 수는 없을까? 힘들고 재미없는 공부를 해야 하는 시기가 오면 이런 생각을 한 번쯤 해봤을 것이다. 어린 시절처럼 마냥 놀기만 하면 얼마나 좋을까 상상해보지만 입시를 준비하는 수험생이 되어야만 하는 현실에 한숨이 나온다. 물론 학생이니까 공부해야 하는 건 알겠는데, 어려운 수학을 굳이 왜 배워야 하는지, 나는 영어를 쓰는 일을 하고 싶지 않은데 영어는 왜 배워야 하는지 도대체 모르겠다.

　10여 년 전 일이지만 한 설문조사에서 고등학생 33%는 대학에 가기 위해 공부해야 하는 이유를 찾지 못해 괴로워한다는 기사를 본 기억이 난다. 시간이 한참 흘렀다고 하더라도 여전히 수험생들은 대학입시 스트레스가 어마 무시하다. 해야 하니까 하면서도 힘들다는 생각을 지울 수 없다.

다행히도 현재 교육과정에서는 과목 선택에 대한 폭이 커져서 자유로운 느낌이 있다. 그래도 국어, 영어, 수학과 같은 주요 과목은 필수로 해야 하기에 부담이 큰 것이다. 필수라는 말은 곧 '해야 하는 것'이기 때문에 어쩔 수 없이 해야 하는 공부가 된다. 소위 10개 주요 대학이라는 곳에서도 수능 최저를 제시할 때 시험 결과 중 최소한 국어나 수학 둘 중에 하나는 꼭 반영하는 곳도 있기 때문이다.

　서론이 조금 길었지만, 하고 싶은 이야기는 학생들이 해야 할 공부와 하고 싶은 공부 사이에서 항상 갈등한다는 것이다. 역사를 좋아해서 역사학과에 진학하고 싶어도 필수 과목을 공부하지 않으면 실제 역사학과에 갈 수 있는 방법이 없기 때문이다. 막말로 수학이 싫으면 그만두고 안 하면 될 텐데 교육과정 및 입시제도상 할 수밖에 없다는 말이다.

　《서울대 수석은 이렇게 공부합니다》를 쓴 김태훈 작가는 책의 1/3에 해당하는 분량으로 과목별 공부하는 이유를 찾았다. 국어는 모든 과목의 성적을 결정하고, 영어는 삶의 무대를 세계로 넓혀주고, 수학은 풀기 어려운 문제를 쉽게 바꿔준다고 했다. 과학은 모든 과목 공부에 활력을 불어넣어 주고, 사회는 내 삶에 실질적인 도움을 준다고 했다. 이 외에도 도덕, 음악, 미술, 체육, 컴퓨터 그리고 금융까지 언급하면서 우리가 공부해야 할 이유를 찾게끔 이야기를 풀어갔다.

공부해야 할 이유를 이렇게까지 자세히 탐구한 것에 대한 이유에 대해서 나는 이렇게 생각한다. 이유와 상관없이 해야 하는 일이 생기면 우리는 할 수밖에 없다. 공부와 별개이기는 하지만, 직장이 있으면 일을 해야 하고, 자식을 낳으면 길러야 하고, 원초적으로 살기 위해서는 잘 먹고 잘 자야 한다.

사실 어릴 때는 생각 없이 그냥 부모가 이끌어 주는 대로 따라가거나 마냥 숨만 쉬면서 놀기만 해도 큰 문제가 없다. 그런데 성인이 되고 사회에서 한 구성원으로 살아가기 위해서는 스스로 해야 할 일을 하는 상황에 놓인다. 아무리 싫은 일이라고 해도 할 수밖에 없다면 우리 몸은 저절로 움직인다. 그렇지 않다면 몸이든 정신이든 어딘가 아픈 거니까 치료를 받아야 할지도 모른다.

앞서 프롤로그에서 나의 아침 일상을 그리며 독자들에게 전하고 싶은 메시지가 있었다. 내가 만든 루틴으로 인해 무의식적으로 무언가를 자동적으로 하고 있는 자신을 발견하게 된다는 것이다. 왜냐하면 정해진 시간 안에 해야 하는 일이 항상 있기에 최고의 효율을 자랑하는 루틴을 만들어서 생활하려고 하는 것이다. 그렇게 하지 않고 게으름을 피우면, 아침을 못 먹거나 화장실을 못 가거나 씻지 못하거나 무언가 불편한 일이 생겨서 하루 시작부터 출발이 좋지 못하기 때문이다.

나 같은 경우는 교사라서 지치고 힘들어도 쉬지 못하고 무조

건 해야 하는 일이 있다. 일주일 동안 정해진 시간에 정해진 장소에서 수업을 해야 한다. 진도를 맞추기 위해서 수업 준비도 필수다. 만일 수업을 준비하지 못해서 수업 진행을 할 수 없다면 나는 교사로서 자격이 없어진다. 그래서 수업을 정상적으로 진행하기 위해 다른 많은 행정업무도 미리미리 끝내야 한다.

담임교사의 경우에는 학생과 상담도 진행해야 한다. 나도 처음엔 교사는 수업만 하면 될 줄 알았는데, 생각보다 할 일이 다양하고 많아서 식은땀을 흘릴 때가 많았다. 그런데 모두 안 하면 안 되고 해야만 하는 일이다. 일과 시간 안에 그 모든 걸 끝내지 못하면 야근을 해야 한다. 그러면 밤늦게까지 몸도 피곤하고, 집에 가서 육아와 집안일을 해야 하는데 그렇지 못하게 된다.

가끔 머리에 쥐가 날 정도로 업무가 많아서 힘들 때면, 가끔 상상하며 희망해본다. 수업만 하면 얼마나 좋을까. 수업도 아이들 성적과 상관없이 흥미와 재미 위주로 진행하면 얼마나 좋을까. 집에서도 허리가 끊어질 정도로 육아와 집안일을 할 때면, 내가 좋아하는 독서와 글쓰기만 하면 얼마나 좋을까. 현실적으로 불가능한 일이지만 가끔씩 그렇게 행복한 상상을 해본다.

사실 그게 거의 불가능한 일이기에 어떻게 하면 해야 할 일에 쫓기는 신세가 아닌 내가 하고 싶은 일을 할 수 있을지 진지하게 고민해봤다. 오랜 시간 고민 끝에 어느 정도 결론에 도달했다. '다른 해야 할 일들을 미리 해놓자. 그러면 내가 하고 싶은 일을 할 시간도 늘어날 것이다. 그러면 어떻게 시간을 확보할 수 있을까?'라고 생각했더니 조금 답이 보이기 시작했다. 해야 할 일은 빨리 끝내 놓고 남은 시간에 내가 하고 싶은 일을 하기로 말이다.

《해빗》이라는 책에서는 우리 삶의 43%가 습관이라고 말하는데, 나는 이 습관을 더 늘리기로 했다. 해야 할 일이 일과에서 50%가 넘어가기 때문에 루틴화가 가능하다고 생각했다. 자세한 이야기는 차차 해보겠다. 다만 실제 그렇게 루틴을 만들어낸 결과, 하루를 3개의 파트로 나눠서 살게 되었다. 낮에는 학교에서 일하는 교사로서, 저녁에는 집안의 남편이자 아빠로서, 밤 9시 이후에는 세상과 소통하는 작가로서의 삶을 살고 있다.

지금까지 해야 할 일과 하고 싶은 일에 대해 이야기를 한 것은 사실은 공부하는 수험생들도 루틴의 힘과 효능을 알아보라고 말하고 싶기 때문이다. 분명 공부가 어렵고, 힘들고, 싫을 것이다. 특히 하고 싶지 않은 데 해야 하는 공부라면 더욱 그렇다. 그런데 학생으로서 할 수 있고, 해야만 하는 일은 '공부'밖에 없다. 그것이 대학을 준비하는 입시 공부든, 취업을 준비하는 기술 공부든 모든 게 다 공부라는 것이다.

인생을 조금 멀리 바라보며 고등학교 3년의 생활을, 해야 할 공부를 하는 시기로 보고, 나머지 인생은 조금이라도 내가 하고 싶은 일을 하면서 살 수 있는 시기라고 가정해보자. 그러면 지금 이 시기를 어떻게 보내야 할지 답이 나올 것이다. 공부 루틴화를 통해 최대의 효율을 끌어내어 20대의 시작을 조금이라도 편하게 하려는 마음이 생길 것이다.

혹은 눈앞에 보이는 일상으로 바꾸어 생각해보자. 공부하면서 분명 지칠 수 있기 때문에 중간에 적절한 보상을 해야 한다. 예를 들어, 평일에는 쉬지 않고 공부하고 주말에는 자신이 하고 싶은 일을 하는 것이다. 혹은 하루 중 낮부터 저녁까지는 열심히 공부하고 밤 10시부터 2시간은 자신이 하고 싶은 일을 하는 것이다. 이런 식으로 해야 할 일은 루틴을 통해 시간을 절약하며 끝내버리고, 내가 하고 싶은 일을 할 시간을 확보하라는 말이다.

루틴과 관련된 책에서 공통적으로 루틴의 효능에 대해서 말한다. 특히 좋은 루틴을 설계하는 것만으로도 삶의 질이 바뀔 수 있다고 루틴을 잘 형성하라고 한다. 또한 루틴은 특별한 에너지를 쏟지 않아도 생각 없이 해야 할 일을 처리할 수 있게 한다. 하기 싫을 때도 시작할 수 있게 한다. 중간에 포기하지 않고 끝까지 해내게 만든다.

러시아 문학을 대표하는 세계적 문호인 도스토옙스키는 "습관이란 인간으로 하여금 그 어떤 일도 할 수 있게 만들어준다."고 했다. 4대 성인 중 한 명인 중국의 공자도 "타고난 본성은 비숫하지만, 습관에 의해서 달라진다."고 했다. 미국의 유명한 심리학자이자 철학자인 윌리엄 제임스도 "습관을 바꾸는 것만으로도 자신의 인생을 바꿀 수 있다."고 했다.

이처럼 다양한 분야에서 성공한 사람들도 습관이 얼마나 중요한지 말하고 있다. 참고로 이 책에서는 루틴과 습관을 따로 구분하지 않고 하나로 볼 것이다. 그러니 너무 어휘 쓰임에 매몰되지 않기를 바라며, 다양한 루틴(습관)의 효능에 대해서 더 자세히 알아보도록 하자.

♀ 루틴 포인트

인생을 조금 멀리 바라보며 고등학교 3년의 생활을, 해야 할 공부를 하는 시기로 보고, 나머지 인생은 조금이라도 내가 하고 싶은 일을 하면서 살 수 있는 시기라고 가정해보자. 그러면 지금 이 시기를 어떻게 보내야 할지 답이 나올 것이다.

목표보다 중요한 건 상황과 환경이다

　양궁에서 과녁의 노란색 부분을 맞히기 위해서는 우선 양궁장으로 이동해야 하고 활을 들고 당겨야 한다. 높은 산의 정상에 오르기 위해서도 산 입구까지 먼저 가야 하고 계속 올라가야 꼭대기에 오를 수 있다. 그런데 만일 목표만 정하고 아무런 행동을 하지 않는다면 어떻게 될까? 아무리 목표가 높고 좋다고 해도 이룰 수 없을 것이다.

　전문가들은 공부할 때 목표를 정하는 것이 도움이 된다고 말한다. 물론 그 말이 틀린 건 아니다. 하지만 목표만 세우고 시작하지 않는다면 무용지물이다. 가장 안타까운 건 계획조차 세우지 않는 것이고, 그다음으로 안타까운 건 계획은 열심히 세우는데 실천하지 못하는 경우다.

　공부 방법을 연구해서 자신이 무엇을 해야 하는지 알고 있고, 목표도 명확하게 세웠다고 가정해보자. 그런데 생각보다 실천하기란 쉽지가 않다. 특히 공부를 시작하기 전에 책상에 앉기까지가 매우 어렵다. 거실에서 쉬고 있다면, 핸드폰으로 무언가를 하고 있다면, 방에 들어갈 생각이 들지 않는다. 귀차니즘이 발동된 셈이다.

우여곡절 끝에 간신히 책상에 앉았는데, 집중이 되지 않아서 휴대폰 잠깐만 봐야지 하고 폰을 막 들었는데, 부모님이 과일을 들고 방에 들어오신다. 부모님은 휴대폰을 들고 있는 내 모습만 보고 오해하고 한 마디를 던지신다. "하라는 공부는 안 하고 또 휴대폰 만지는 거야?!" 나는 분명 막 공부할 참이었는데, 잠깐 휴대폰을 든 것뿐인데, 막상 아무것도 하지도 않았는데 이런 상황이 억울하다. 기분이 안 좋아지니 하려고 했던 공부도 별로 하고 싶지 않다.

이 시나리오는 누구든지 한 번쯤 겪어본 상황일 거라고 생각한다. 이렇듯 공부 목표를 세운 것까지는 좋았는데, 막상 공부를 시작하기가 쉽지 않다. 게다가 항상 이런 식으로 안 좋은 상황이라도 발생하면 목표를 이루기는커녕 상황만 더 악화된다. 그래서 목표가 아무리 좋아도 상황이 여의치 않으면 아무것도 이룰 수 없는 것이다.

혹시 도미노의 원리를 알고 있는가? 도미노는 처음에는 작더라도 점점 큰 순서대로 밀어낼 수 있는 특징이 있다. 심지어 다음 도미노가 1.5배 크더라도 밀 수 있다. 이와 관련하여 세계적인 베스트셀러 《원씽》에서는 샌프란시스코 과학관의 한 물리학자의 합판을 이용한 실험 이야기가 나온다.

처음 5cm의 도미노가 8번째에는 90cm가 되며, 23번째 도미노는 에펠탑보다 크고, 31번째 도미노는 에베레스트보다 900m가 더 높을 것이라고 한다. 이러한 등비수열이 계속된다면 57번째 도미노는 지구에서 달까지 다리를 놓을 수 있게 된다고 한다. 이것은 기하급수 원리 혹은 나비효과와 비슷하다고 볼 수 있다. 이 실험 이야기를 하는 이유는 우리가 살면서 놓이게 되는 상황에 따라 결과가 달라질 수 있다는 말을 하고 싶어서다.

이제 이것을 공부하는 수험생의 상황에 대입해보자. 요즘에는 공부에 방해될 만한 요소가 많다. 특히 가장 공부에 많은 영향을 주는 건 휴대폰 사용이다. 최근(2021년 기준) 뉴스를 보면, 중고등학교들이 평균적으로 하루에 2시간 정도 휴대폰을 사용한다고 한다. 이 수치도 평균치니까 일부 학생의 경우에는 2시간을 초과하여 더 많이 사용한다고 볼 수 있다.

그렇다면 왜 그렇게 학생들은 휴대폰 사용을 많이 하는 것일까? 그 이유는 언제 어디서든 휴대폰 사용이 가능하기 때문이다. 수업을 듣는 시간 외에는 자신이 원한다면 항상 사용 가능한 환경에 놓여 있다는 의미다. 물론 일부 학교에서는 일과 중에 휴대폰 사용을 금지하는 경우도 있다. 아무리 그래도 방과 후 집에서는 얼마든지 사용할 수 있으니 하루 2시간은 충분히 채울 듯하다.

공부를 열심히 해야겠다고 다짐하고, 거창한 목표를 세웠는데 막상 공부보다는 휴대폰을 하는 시간이 더 많다면 이를 역으로 이용해볼 필요가 있다. 즉, 휴대폰을 사용할 수 없는 상황이나 환경에 놓이게 만드는 것이다. 실제 공부를 잘하는 학생들 중에는 스마트폰 기능이 없는 폴더폰을 일부러 사용하는 경우가 많다. 스마트폰은 여러 기능이 있고 언제나 인터넷 접속이 가능해서 공부에 방해가 된다고 생각하기 때문이다.

그렇게 전화나 문자 하는 일 말고는 휴대폰을 쓸 일이 없어지니 계속 휴대폰을 들여다볼 이유가 없다. 수업 시간에는 수업을 듣고, 자습 시간에는 자습을 하고, 주어진 상황에 맞게 계속 공부를 하면 된다. 공부할 수 있는 상황을 만들려고 노력한다면, 그 외에 대해서는 상황이 발생하지 않으니 굳이 신경 쓸 필요가 없다.

휴대폰 통제 상황을 만들기 위한 것과 비슷하게 공부 환경을 만들기 위해 노력한 사례도 있다. 집에 가면 침대에 눕고 싶고, 거실에서 뒹굴고 싶고, 컴퓨터로 인터넷도 하고 싶고 공부를 방해하고 쉬고 놀도록 유혹하는 요소가 많다. 그 유혹을 뿌리치기 위해 일부러 매일 학교에 남아서 야간자습을 하고, 심지어 주말에도 학교 도서관에 나와서 공부하려는 학생들이 있다.

공부하는 게 귀찮고 싫었던 학생들은 이렇게 공부 환경을 만들면서 상황을 통제하여 지속적으로 공부 습관을 들일 수 있었다. 학교에 남아서 할 수 있는 게 공부밖에는 없기 때문이다. 물론 공부를 하겠다는 의지가 기본으로 장착되어야겠지만, 적어도 이 책을 읽는 사람이라면 공부에 대한 관심이 있을 테니 지금 하는 이야기가 공감이 되리라 믿는다.

마케팅 전략으로 대형마트 입구에 들어서면 과일 판매대와 채소 판매대가 위치해 있다. 이것은 소비자들의 구매력을 상승시키기 위한 유통업체의 전략이다. 과일과 채소 판매대는 비교적 높이가 낮아 멀리 있는 상품들도 잘 보이게 한다. 이는 추가로 제품을 구매하도록 만든다. 또한 색상이 선명하다는 장점을 최대한 활용하여 종류별 혹은 색상별로 비치해 구매를 편리하게 하는 상황을 만들 뿐만 아니라 소비자의 눈길과 발길을 사로잡는다.

또한 상품 배치에도 전략이 숨어 있다. 인기 상품이나 주력 상품은 주로 오른쪽과 판매대 3~4단에 위치해 있다. 마케팅 분야에서는 판매대 3~4단은 소비자 시선이 가장 자연스럽게 가는 위치로 편하게 제품을 비교하고 구매할 수 있도록 유도한다고 말한다. 게다가 사람의 시선은 왼쪽에서 오른쪽으로 이동하는 경향이 있어 오른쪽에 비치할 경우 더 오랜 시간 노출할 수 있다. 따라서 매장을 돌아다니려면 반시계 방향으로 움직이게 돼 있다.

끝으로, 계산대 앞에는 상대적으로 저렴하고 미처 사지 못했을 법한 상품을 진열하면서 구매 욕구를 추가로 불러일으킬 수 있다. 필요가 없다고 생각했던 물건도 막상 눈앞에 놓이는 상황이 되면 우리는 소비 행동으로 옮기게 된다. 이런 점을 살려서 공부에 대입하면 공부할 수밖에 없는 상황을 부지런하게 만들어볼 수 있다.

공부뿐만 아니라 다양한 습관을 만들 때도 '상황'의 힘이 얼마나 위대한지 알 수 있다. 나는 수요일이면 분리수거를 하러 나갈 때 일부러 운동 복장을 갖추고 나간다. 집 밖에까지 나가는 게 귀찮고 힘들지만, 막상 나가면 걷게 되고 그렇게 산책 시간을 즐기게 되기 때문이다.

소비 통장에도 한 달에 쓸 돈만 넣고 체크카드를 이용하면 그 이상 돈을 안 쓰게 된다. 반대로 신용카드를 쓰는 경우엔 자신이 얼마를 쓰는지 모르기 때문에 더 많이 돈을 쓰게 된다. 어떻게 보면 신용카드도 소비자가 소비를 더 하도록 만든 시스템이자 상황이라는 생각을 할 수 있다.

교사이자 어린이 문학 전문가인 메건 데일리가 쓴《독자 기르는 법》에서는 아이들에게 독서 습관을 기르게 하려면 거실에 눈에 잘 띄게 책장을 두거나 책을 비치해두어야 한다고 말했다. 실제 이 책을 읽은 아내는 거실에 아이들이 책을 읽을 수 있도록 환경을 바꾸었다. 그러자 집에 변화가 생겼다.

책을 가끔 읽어 달라고 했던 아이들이 눈앞에 책이 항상 놓여 있으니 시도 때도 없이 책을 가져와서 읽어달라고 한다. 언제든 책을 읽을 수 있는 상황에 놓이니 그렇게 행동하게 된 것이다. 이렇듯 목표가 있다면 그 목표를 이루기 위해 우리가 저절로 행동하게 만드는 상황이나 환경을 만들 필요가 있다는 걸 알아야 할 것이다.

사실 루틴의 힘은 이런 우리에게 주어진 상황과 환경을 통제할 수 있을 때 발휘된다고 볼 수 있다. 자신이 이루고 싶은 목표가 있다면 구체적인 계획을 세우는 데 앞서 목표를 이루기 위한 행동이 저절로 나올 수 있도록 어떤 상황이나 환경을 만들지도 함께 고민해보길 바란다.

📍 루틴 포인트

거창한 목표를 세우는 것보다 구체적이고 세세한 목표를 설정하는 것이 중요하다. 그리고 더 중요한 것은 그렇게 세운 목표를 실천하는 것이다. 목표를 실천할 때 의지를 바꾸는 것보다 더 쉬운 방법은 환경을 바꾸는 것이라는 점을 명심하자.

탁월함이 아니라 꾸준함이 승리한다

고3 담임을 몇 년간 하면서 내린 결론이 있다. 바로 끝까지 살아남은 자가 승리한다는 규칙이 있다는 사실이다. 아무리 1학년 때 성적이 좋았다고 해도, 고3 때 성적이 떨어지면 원하는 입시 결과를 얻지 못한다. 게다가 아무리 고3 초반에 남들보다 더 열심히 달린다고 해도 수능이 가까워지면서 나태한 모습과 함께 무너지는 경우가 많았다.

결국은 자신과의 싸움에서 이기느냐 지느냐의 문제인데, 모든 건 공부 루틴이 꾸준하게 유지되었느냐 아니냐에 달렸다. 실제 한 해는 수능 전 마지막 주말에 학교 도서관에 나와서 자습을 했던 13인이 모두 명문대에 진학했다. 왜냐하면 그들은 1년 내내 빠지지 않고 주말에도 학교에 나와서 공부하는 루틴을 어기지 않고 꾸준히 이어갔기 때문이다.

혹시 수전천석水滴穿石이라는 말을 들어본 적이 있는가? 한자

그대로 뜻풀이 하면 '물방울이 바위를 뚫는다'는 뜻으로, 작은 노력이라도 끈기 있게 계속하면 큰일을 이룰 수 있다는 말이다. 사실 이 꾸준하게 떨어지는 물방울은 우리 삶에서는 작은 루틴이라고 보면 된다. 그 작은 루틴이 쌓여서 결국 큰 성과를 낼 수 있다는 말이다.

그런데 우리는 너무 탁월한 자신의 능력을 믿고 이 작지만 큰 힘을 가진 것에 너무 소홀히 하는 경향이 있는 것 같다. 예를 들어, 뛰어난 재능을 가지고 태어난 운동선수라고 할지라도 꾸준하게 연습하지 않으면 결코 자신의 한계를 넘지 못한다. 머리가 아무리 좋아도 꾸준히 공부하는 습관을 들이지 않으면 공부를 잘할 수 없다.

초등학교, 중학교 때까지는 좋은 머리로 어느 정도 미리 공부해두면 그게 통할 수 있다. 하지만 방대한 양을 공부하고 입시를 준비하는 고등학교에 진학하면 상황은 달라진다. 철저하게 준비하고 노력하지 않으면 도태된다. 실제 중학교 때 성적이 좋아서 특목고나 자사고에 진학한 학생들도 대학 입시 결과로 놓고 보면, 자신보다 성적이 좋지 않아서 일반고에 진학했던 친구들보다 안 좋은 결과를 얻는 경우도 종종 있다.

일반고에 진학하더라도 대학 입시라는 목표를 이루기 위해 꾸준하게 끝까지 공부한 경우엔 더 나은 결과를 얻을 수 있다. 반면 특목고나 자사고에 진학했는데, 치열한 경쟁 속에 내신 성적이 잘 나오지 않다 보니 자신감도 사라지고 무기력감에 빠져 공부를 더 안 하게 되면 이런 결과로 이어지는 것이다.

그래서 고등학교에 진학할 때 어떤 분위기 속에서 공부를 꾸준하게 할 수 있을지 잘 판단해야 하는 것이다. 결국 꾸준하게 공부할 수 있어야 좋은 결과로 이어질 수 있기 때문이다. 빨리 달리는 것도 좋지만 중간에 포기하거나 지쳐 쓰러지면 천천히 하더라도 끝까지 달린 사람보다 못하기 때문이다.

우리가 잘 알고 있는 토끼와 거북이 우화가 바로 그 예가 될 수 있다. 자신의 능력만 믿고 빠르게 질주했던 토끼는 중간에 잠이 들었지만, 느리더라도 포기하지 않고 끝까지 결승선을 향해 걸어갔던 거북이가 승리한 것처럼 말이다. 사실 여기에도 또 다른 루틴의 힘과 관련 사항이 있다.

사실 이 경기는 낮에 진행되었기 때문에 토끼는 야행성夜行性이라 낮에 경기를 하다가 잠이 든 것이다. 반면 거북이는 주행성晝行性이라서 뜨거운 햇살을 이겨내며 잠들지 않고 계속 경기를 이어갈 수 있었던 것이다. 대부분 사람들은 이 우화의 교훈이 탁월한 능력보다는 꾸준한 노력이 중요하다고 생각하지만, 본질적으로 두 동물의 다른 삶의 루틴 때문에 나온 결과임을 알 수 있다.

'꾸준함'이라는 단어를 떠올리면 대표적으로 연결되는 한자성어가 있다. 그것은 '우공이산愚公移山'이다. 북산에 아흔 살 된 노인인 우공이라는 사람이 가족의 만류에도 길을 넓히기 위해 집 앞에 있는 태행산과 왕옥산을 파서 옮기는 일을 계속한 일화를 말한다. 우공과 아들, 손자는 지게에 흙을 지고 발해 바다에 갖다버리기를 꼬박 1년을 했다.

죽을 날이 얼마 안 남았는데 굳이 왜 그렇게 하냐고 이웃 사람들이 묻자, 자신이 죽어도 아들이 그리고 손자가 계속할 것이라 말했다. 산에 살던 산신이 이 말을 듣고는 큰일이라 생각하여 즉시 상제에게 달려가 구해달라고 호소했다. 이 말을 들은 상제는 두 산을 각각 멀리 보내어 옮기도록 했다는 이야기이다.

이는 쉬지 않고 꾸준하게 한 가지 일만 열심히 하면 마침내 큰일을 이룰 수 있음을 비유한 말이다. 또한 세상을 바꾸는 것은 머리 좋은 사람이 아니라 결코 포기하지 않고 끝까지 노력하는 사람임을 알려주는 이야기다. 따라서 멈추지 않고 꾸준히 하는 것이 중요하다. 그러기 위해서는 꾸준함을 무기로 삼을 수 있는 루틴의 힘을 믿어야 한다.

프랑스 소설가 장 지오노가 쓴 《나무를 심은 사람》이라는 책에는 실화를 바탕으로 한 이야기가 나온다. 실제 주인공은 프로방스의 알프스 끝자락에 있던 어느 황량한 계곡에서 엘제아르 부피에라는 양치기 노인을 만났다. 노인은 매일같이 황무지 산비탈에 도토리를 100개씩 심었다. 반백 년 동안 하루도 빠짐없이 100개씩 도토리를 심은 결과, 마침내 황무지는 1만 여 명이 살 수 있는 풍요로운 숲으로 변모했다고 한다.

이처럼 그 꾸준함이 결과를 만들어낸 일화는 무궁무진하다. 양치기 노인이 무슨 탁월한 능력이 있어서 황무지를 풍요로운 숲으로 만들 수 있었겠는가? 다른 무기는 없었고, 단지 작은 일이지만 하루도 멈추지 않고 꾸준하게 같은 일을 반복했을 뿐이다.

이 책을 읽고 나서 독자가 스스로 루틴을 만들어 꾸준하게 공부할 수 있도록 하는 게 이 책을 쓰는 궁극적인 목적이다. 지금 당장 공부를 잘하지 못해도 괜찮다. '가장 빠른 지름길은 꾸준함'이라는 말처럼 공부를 정복하기 위한 지름길은, 포기하지 않고 꾸준하게 공부하는 습관을 만드는 것이다. 잊지 말자. 탁월한 능력보다 더 중요한 건 꾸준함이라는 것을 말이다.

📍 **루틴 포인트**

일주일 중 하루만 10시간 공부하고, 나머지는 1시간도 공부하지 않는 것보다 적은 시간이더라도 매일 1시간씩 꾸준히 공부하는 습관이 더 좋다. 전자보다 후자가 일주일 후에도 계속 공부할 가능성이 더 크기 때문이다. 공부의 핵심은 멈추지 않는 것임을 잊지 말자.

끝까지 하게 만드는 반복의 힘

"무언가를 반복적으로 하면 그 무엇이 우리가 된다. 유능함이란 그러니까 행동이 아니라 습관이다." 이 말은 고대 그리스 철학자 아리스토텔레스의 말이다. 꾸준하게 무언가를 하는 것을 반복이라 하고 그 반복으로 인해 자신을 만들어간다는 뜻이다. 그런데 우리가 살면서 다양한 경험을 하며 새로운 무언가를 처음부터 시작하는 일은 쉽지 않다. 아직 익숙하지도 않고, 실력이 부족하기 때문이다.

처음에는 잘하지 못하더라도 어느 정도 수준에 이르거나 목표를 끝까지 이뤄내기 위해서는 반복이 큰 힘을 발휘한다. 앞에서 꾸준함이 얼마나 중요한지 이야기했다면, 이번엔 그 꾸준함을 만들기 위해 반복하는 행동이 왜 의미가 있는지 말하고자 한다. 즉, 반복을 통해 쌓은 축적이 얼마나 큰 힘을 가졌는지 살펴볼 것이다.

수험생으로서 대학입시를 준비하면서 자신이 약한 시험 과목은 포기하는 경우가 많다. 예를 들어, 영포자(영어를 포기한 사람)와 수포자(수학을 포기한 사람)가 생겨난 현상을 들 수 있다. 영어와 수학 과목의 경우에는 기초가 매우 중요한데, 학교에 다니면서 교육과정에 맞는 수준을 따라가지 못하면 중간에 포기하게 되는 것이다.

단계별로 수준을 쌓으며 공부해야 하는 과목의 경우에는 기초 지식을 쌓는 시기에 꾸준한 반복을 통해 실력을 키우지 못하면 다음 단계로 넘어갈 수 없다. 그래서 다들 기초를 강조하고, 기초 실력을 키우기 위한 반복의 중요성을 언급한다. 이는 공부를 포함하여 모든 것에 적용이 되는데 특히 운동을 배울 때 그 부분이 뚜렷하게 나타난다.

스포츠 스타들도 자신의 종목을 처음 배울 때는 남들과 똑같이 기초부터 배우며 시작했다. 축구도 슛이 먼저가 아니라 발로 공을 차며 패스부터, 농구도 드리블하고 슛이 먼저가 아니라 손으로 공 튀기기부터 시작한다. 공에 익숙해지면 단계별로 하나씩 순서대로 동작, 스텝 등 방법을 배우며 실력을 늘린다.

운동에서 가장 중요한 건 기초체력과 기본자세다. 아무리 우수한 실력을 갖춘 선수들도 시합이 없는 날에는 기초체력을 기르는 운동과 기본 동작을 연습하며 무한으로 반복한다. 1만 시간의 법칙처럼 양질의 반복적인 동작 연습을 통해 실전에서 그

동작이 나올 수 있도록 하는 것이다.

극진가라데의 창시자이자 영화 〈바람의 파이터〉의 실제 주인공으로 알려진 최배달의 333 정신이 이를 증명한다.

"어떤 기술에 대해 300번 연습하면 흉내를 낼 수 있고, 다른 사람에게 그 기술을 보여줄 수 있다. 3,000번 연습하면 실전에 쓸 수 있는 정도가 되고 평범한 무술인을 상대로 이길 수 있다. 마지막으로 30,000번 연습하면 자신도 모르는 사이에 그 기술로 상대방을 제압하게 된다."

이름난 고수에게 특별한 가르침을 받거나 기술을 전수받은 적이 없었지만, 그는 매일 반복되는 훈련을 거르지 않았다. 그는 새벽 4시에 기상하여, 10분간 명상을 하고 산 정상까지 구보를 다녀왔다. 다시 명상과 식사를 하고 본격적인 훈련에 돌입했다. 바벨, 팔 굽혀 펴기, 역 팔 굽혀 펴기, 평행봉 팔 굽혀 펴기, 정권 지르기, 산길 달리며 차고 지르기, 돌 격파 각 20회, 품세 연습 100회, 대련 연습, 줄 타고 오르기, 복근 운동, 역복근 운동 각 200회, 무거운 것 들기, 손가락 팔 굽혀 펴기 각 1,000회 등 하루도 쉬지 않고 자신만의 루틴을 만들어가며 고수로 성장했다.

적게는 20회부터 많게는 1,000회에 해당하는 동작들을 처음부터 할 수 있었을까? 절대로 그렇지 않다. 처음에는 1개부터 시작해서 자신의 능력이 향상되면서 점점 횟수가 늘었을 것이다. 그 동작의 개수를 늘릴 수 있는 비결은 다름 아닌 반복이다.

반복적인 행동은 처음에는 힘들지라도 일정 수준에 오르면 힘들었던 일도 쉬운 일이 될 수 있다. 그래서 멈추지만 않는다면 일정 수준을 계속 유지할 수 있다.

공부도 운동과 마찬가지다. 처음에는 모든 게 새롭고 어려울지라도 차근차근 하나씩 알아가면서 모르는 부분을 채워나가면 된다. 특히 잘 이해가 안 되거나 외워지지 않는 부분은 반복을 통해 극복할 수 있다. 우등생들이 주로 쓰는 N회독 공부법이 바로 반복의 힘을 증명한다고 볼 수 있다.

아무리 기억력이 우수해도 새로운 지식을 한 번만 보고 영원히 기억할 수 없다. 잊을 만할 때 다시 공부하고, 기억하려고 노력해야 오랜 기억으로 자리 잡는다. 사람의 뇌는 우리가 의식적으로 반복해서 받아들이는 정보는 중요한 것이라 인식한다. 그래서 의식적으로 반복해서 같은 내용을 학습하면 장기기억으로 가져갈 수 있다.

결국에 공부는 '얼마나 내가 기억할 수 있는가'가 최종 단계라 보면 되는데 그러기 위해서는 반복이 필수라 할 수 있다. 희망적인 것은 처음에는 조금밖에 기억을 못 하더라도 같은 내용을 반복해서 보면 나중에는 그 내용을 거의 완벽에 가깝게 기억할 수 있다는 점이다.

유튜브 〈긍정에너지토리파〉를 운영하는 이상욱 작가는 《절대 배신하지 않는 공부의 기술》을 통해서 완벽한 복습 패턴을 만드는 1/4/7/14 공부법을 개발했다. 이 공부법은 한 번 공부한 내용을 1일차, 4일차, 7일차, 14일차에 복습함으로써 장기기억을 강화시키는 방법이다. 그는 '저는 이 공부법으로 의사가 되었습니다'라는 유튜브 누적 조회수 1,600만을 기록한 화제의 영상으로 공부법을 자세히 소개했다.

대부분 수험생은 책 앞부분은 정말 열심히 공부해서 밑줄이 가득하지만, 중간이나 뒷부분은 매우 깨끗한 상태로 남겨두게 된다. 쉽게 말해 책 한 권을 끝까지 못 끝낸다는 말이다. 그러나 1/4/7/14 공부법을 활용하면 최소 5회독 복습을 할 수 있기에 포기하지 않고 끝까지 공부해낼 수 있다고 말한다.

처음부터 완벽하게 하려고 하면 나중엔 양이 많아서 부담되니까 복습을 통해 서서히 채워나가라고 말한다. 이렇게 서서히 공부 루틴을 만들고, 하나씩 목표를 성취하면 저절로 공부 습관으로 자리 잡게 된다고 한다. 똑같은 내용을 반복해서 복습함으로써 완벽하게 내용도 숙지하고, 처음부터 끝까지 모든 내용을 살펴볼 수 있는 장점이 있다. 이처럼 반복은 끝까지 해내는 힘을 갖게 한다.

실제 교육학 이론상으로도 한꺼번에 많은 양을 공부하는 것보다 적은 양이라도 규칙적으로 꾸준하게 공부하는 게 더 도움이 된다고 말한다. 영어 단어를 하루에 50개를 한 번에 외우는 것보다 하루에 10개씩 5일간 그리고 전날에 외운 걸 다시 복습하면서 외우는 것이 더 효율적일 수 있다는 말이다.

하루에 영어 단어를 50개씩 20일 동안 총 1,000개를 외우려는 사람과 하루에 10개씩 100일 동안 외우려는 사람이 있다고 가정해보자. 둘 중에 누가 끝까지 1,000개를 외울 수 있을까? 전자보다는 후자가 성공할 확률이 높다고 예측할 수 있다. 관련된 이야기는 나중에 어떻게 루틴의 원리가 발동하는지 알아보는 〈3장 어떻게^{how} 루틴을 만들 것인가?〉에서 자세히 다루겠다.

'독서백편의자통讀書百遍義自通'은 《삼국지三國志》〈위지魏志〉 제13권에 나오는 말이다. 후한 말기 동우가 '가르치기보다는 스스로 깨우쳐 알도록 반드시 먼저 백번을 읽으라'고 했고, 이는 '같은 책을 백 번 되풀이해 읽으면 저절로 뜻을 알게 된다'는 의미다. 실제로 운동이든 공부든 혹은 무엇이든 처음에는 잘 모르더라도 알 때까지 반복하면 깨우치지 못할 것은 없다. 나아가 조금씩 잘할 수 있게 되니 목표까지 포기하지 않고 끝까지 해낼 수 있게 된다. 이것이 바로 반복의 힘이고, 곧 루틴의 힘이다.

📍 루틴 포인트

누구나 처음부터 좋은 성적을 기대할 수는 없다. 하지만 자신의 수준에 맞게 꾸준히 반복하고 노력하면 분명 성장하는 자신을 발견할 것이다. 진정한 승리자는 마지막에 웃는 자다. 그 배경에는 무한 반복의 노력이 숨어 있다는 것을 잊지 말자.

습관은 겉으로 드러나지 않는다

아주 예전에 '소리 없이 강하다'라는 슬로건을 내세운 자동차 광고가 있었다. 엔진소리는 조용하지만 강해서 차는 잘 나간다는 의미인 듯하다. '빈수레가 요란하다'는 속담도 어떻게 보면 겉으로 화려한 건 '속빈 강정'과 같다는 의미 같다. 겉으로 티가 팍팍 드러나지 않아도 우리 삶에 많은 영향을 주는 습관도 그렇지 않을까?

이번에는 겉으로 드러나지 않지만 무서운 습관의 위력이 얼마나 대단한지 알아보려고 한다. 마하트마 간디는 "생각은 말을 바꾸고, 말은 행동을 바꾸고, 행동은 습관을 바꾸고, 습관은 가치가 된다, 그 가치는 인생을 바꾼다."고 했다. 가수 롤러코스터의 '습관'이라는 노래 가사에서는 '습관이란 게 무서운 거더군'이란 문구가 나온다. 습관이 자신의 가치를 만들고 인생을 바꿀 수 있다고 하니 어찌 보면 정말 무서운 일이 아닐 수 없다.

사실 우리도 모르는 사이에 습관은 형성되어 간다. 습관이란 건 무수한 반복 끝에 생긴 것이기 때문이다. 처음에는 의식적으로 행동을 만들려고 했으나, 그 행동이 모여서 무의식적인 습관으로 변한다. 무의식이 되었기 때문에 우리는 별로 신경을 쓰지 않는다. 그래서 습관은 겉으로 드러나지 않는 것처럼 느껴진다.

혹시 자신이 양치질을 어떤 순서로 하는지 기억하는가? '세 살 버릇 여든까지 간다'고 어린 시절부터 해오던 양치질을 수십 년 동안 하면서 내가 앞니부터 닦는지, 어금니부터 닦는지 전혀 인지하지 못하고 있다. 만일 조금만 의식해본다면 아침 먹고, 점심 먹고, 저녁 먹고 혹은 자기 전에 아마도 똑같은 순서로 이를 닦고 있는 자신을 발견하게 될 것이다.

공부도 마찬가지다. 어릴 때부터 공부 습관을 잘 들인 경우, 커서도 계속 공부하는 습관을 유지한다. 특히 공부는 글을 읽고 지식을 이해하는 일인데, 독서 습관이 없는 경우에는 공부하는 게 힘들게 느껴질 수 있다. 그래서 공부를 잘하고 싶다면, 어릴 때부터 책을 읽어야 조금이라도 유리한 위치를 확보할 수 있는 것이다.

수십 명의 공부 우등생들을 인터뷰하면서 찾아낸 공통점이 하나 있다. 대부분은 어린 시절부터 독서 습관이 있었고, 다독상을 받을 정도로 독서광이었다. 만일 그렇지 못했다면, 중학교 때 갑자기 독서에 빠져서 수십 번씩 회독하며 작품을 읽기도 했다. 그렇게 독서 습관을 다졌기에 고등학교에 진학해서도 뒤처지지 않고 공부를 잘할 수 있게 되었다.

또 다른 흥미로운 점은 독서광들은 부모님이 어릴 때부터 책을 많이 읽어줬다는 사실이다. 혹은 만날 책을 붙들고 읽고 있는 모습을 보며 자랐기에 자신도 모르게 따라서 책을 읽었던 것이었다. 자의든 타의든 주변 환경으로 인해 독서 습관을 기를 수밖에 없으니 자연스럽게 독서를 하는 사람이 되었던 것이다.

글을 읽고 이해하는 행동이 습관으로 굳어진 경우 어떤 글을 읽더라도 별로 부담을 느끼지 못한다. 모르는 어휘가 있으면 찾아보고, 문맥상 이해가 안 되면 천천히 고민하면서 해결하려고 노력하기 때문이다. 반면에 이 습관이 없는 경우에는 글자를 읽어 나가는 것만으로도 큰 부담이 되고 답답한 마음이 생길 것이다. 그러면 자연스럽게 책과 멀어지고, 공부와도 멀어지게 된다.

책 읽는 게 뭐가 대수냐고 하는 사람들도 있지만, 독서 습관은 곧 공부 습관이기에 매우 중요하다. 어린 시절에 기른 독서 습관은 대학 입시가 문제가 아니라 어려운 고시를 준비할 때도 중요하게 작용한다. 로스쿨에 진학을 희망하는 경우엔 꼭 대학교 1, 2학년 때부터 독서 습관을 들이라고 로스쿨 졸업생들이 입을 모아 조언한다고 한다.

어찌해서 로스쿨에 들어왔더라도 변호사 시험을 준비하고 패스하기는 쉽지 않다고 한다. 특히 한자어가 들어간 용어가 많아서 어휘력 혹은 문해력이 부족하면 시험 준비에 불리하기 때문이다. 그동안 전혀 눈치 채지 못했지만, 막상 이런 식으로 어떤 상황에 놓이게 되었을 때 자신의 습관이 얼마나 큰 영향을 주는지 알게 된다. 혹시라도 나중에 어려운 고시와 같은 시험을 준비할 거라면 지금 당장 독서 습관을 기르길 바란다.

습관은 곧 루틴이라 했다. 반복을 통한 루틴의 힘이 얼마나 강한지는 다음 사례를 통해 한 번 더 증명해보려고 한다. 찰스 두히그가 쓴《습관의 힘》이라는 책에 나오는 사례가 있다.

어떤 사람이 뇌가 손상되어 모든 걸 기억하지 못했다. 심지어 5분 전에 했던 행동도 기억하지 못할 정도다. 그런 상태인데도 매일 하던 산책을 하러 나갔다. 그러다 그가 보이지 않아 찾으러 다녔는데, 아무리 찾아도 찾을 수 없었다. 그렇게 잊어버린 줄 알고 걱정했는데 알고 보니 다시 집에 돌아와서 TV를 보고 있는 모습을 발견했다.

뇌 손상으로 기억력이 전혀 없는 사람이 어떻게 집에 찾아왔을까? 산책하고 집으로 돌아와 TV를 보는 행동은 다름 아닌 그가 계속해오던 루틴이었기 때문이다.

이렇듯 반복적인 행동으로 만들어진 루틴은 뇌에 손상이 와도 같은 행동을 계속하도록 만든다. 평소에는 그의 사소한 습관이 별거 아닌 것처럼 보이지만, 뇌 손상이 와도 똑같은 행동을 하게 되는 것으로 볼 때 습관이 얼마나 무서운 것인지 알 수 있다.

이처럼 사소한 것부터 시작해서 다양하게 우리 삶 속에 습관은 소리 없이 녹아 있다. 그래서 우리는 별 거 아니라고 생각한다. 근데 그 사소함이 우리의 삶을 바꿀 수 있다는 걸 알게 되었으니 이제부터는 좀 신중하게 고민해 봐야 하지 않을까 싶다. 특히 10년 넘게 학교에서 공부하는 학생 신분이라면 더욱 공부 루틴을 하나씩 만들어나가야 한다는 걸 느꼈을 것이라 믿는다.

영어 단어나 한자漢字를 하루에 한 개씩 외우면 일주일에는 7개, 한 달에는 30개, 일 년에는 365개, 10년 후에는 3650개를 익힐 수 있게 된다. 하루에 한 개씩 무언가를 익히는 습관은 겉으로 크게 티가 나지 않는 것처럼 보일 수 있지만, 10년 후에는 고등학교 교육과정에서 다루는 필수 어휘 수보다 더 많이 알고 있는 상태가 될 것이다.

고등학교를 졸업하고 대학교에 들어가서도 이런 사소한 공부 습관이 결국에는 성공적인 공부로 이어지지 않을까 생각한다. 혹시 이미 늦었다고 생각하는 사람이 있더라도 실망하지 않기를 바란다. 지금부터라도 하나씩 좋은 습관을 만든다면 지금으로부터 10년 후에는 또 다른 삶을 살고 있을지 모르기 때문이다. 눈에 띄지는 않지만, 습관은 야금야금 아무도 몰래 내 삶을 지배하고 있을 테니 말이다.

 루틴 포인트

작은 공부 습관은 자신도 모르는 사이에 흐르고 흘러 인생 습관으로 자리 잡는다. 눈에 보이지 않는다고 무시할 게 아니라는 말이다. 그동안 아무 생각 없이 살아왔다면, 이제는 다시 한번 자신의 습관을 점검해 보길 바란다. 그게 좋은 습관 형성의 시작이다.

나태함! 그건 먹는 건가요?

　　습관은 겉으로 드러나지 않지만, 많은 영향을 끼친다고 했다. 나태함과 게으름도 당장 나에게 큰 피해를 주고 있는 것처럼 보이지 않지만, 내 삶에 안 좋은 영향을 줄 수 있다. 만일 이미 그런 생각이 들었다면, 때는 늦은 것이다. 암세포가 퍼져서 고통이 느껴지면 이미 되돌리기엔 늦은 것처럼 나태함에 빠진 경우도 그렇게 느끼는 순간 이미 피해를 입은 후이기 때문이다.

　　습관과 루틴에 관해 이야기하다가 갑자기 왜 나태함을 언급하는지 궁금할 것이다. 다름 아니라 나태함도 우리가 가질 수 있는 나쁜 습관이기 때문이다. 그 습관이 고착되면 파란만장한 결과로 이어질 수 있기에 경각심을 가져야 한다. 게다가 나태함처럼 고질적인 습관은 쉽게 고치기도 어렵다. 큰 변화가 있지 않는다면 말이다.

나태함은 인스턴트 음식이나 초콜릿처럼 한번 중독되면 먹으면 먹을수록 더 먹고 싶어지는 맛이다. 하나만 더 먹어야지 생각하고서 먹고 나면 두 개만, 두 개가 아니라, 그냥 다 먹어버리게 되듯이 매일매일 나태함과 어울리다 보면 그런 시간이 쌓여 어느새 나태함이라는 블랙홀에 빨려 들어가 무감각해진다.

그리고 그 나태함은 무기력으로 이어지고, 무기력한 생활이 계속되면 우울증으로 이어지기도 한다. 과장해서 표현해보자면, 아무런 의미 없이 삶을 살아가게 될지도 모른다는 말이다. 이런 부정적인 연쇄반응 과정을 살펴보면, 좋지 못한 루틴의 파괴력이 얼마나 치명적인지 알 수 있다.

우리 주변에는 항상 바쁘다는 말을 입에 달고 사는 사람이 있다. 바쁘니까 열심히 살아가고 있다고 착각하는 경우가 많은데, 사실 그 사람들은 오히려 루틴 없이 무질서한 삶을 살아가는 나태한 사람일지도 모른다. 무질서^{disorder}는 루틴^{routine}과는 반대말이라고 할 수 있기 때문이다. 무질서한 삶을 살고 있다면, 정해진 시간에 어떤 행동을 해야 할지 모르고 있는 상태와 같다.

참고로 무질서와 착각하면 안 될 것이 있다. 똑똑하게 게으름을 피울 줄 아는 사람은 자신만의 루틴이 있다는 점이다. 비록 평소와 다른 루틴이 없는 하루를 보냈다고 해서 무조건 나태하게 하루를 보냈다고 볼 수 없다. 평소에 루틴대로 열심히 살아오다가 휴식을 위한 큰 틀에서의 또 하나의 루틴이었을지도 모르기 때문이다.

작심삼일作心三日도 어찌 보면 습관이다. 오랜 시간 새롭게 마음먹은 일을 지속하지 못하는 이유는 나태함이라는 습관이 있기 때문이다. 루틴의 힘을 모르고 무질서한 삶을 살다 보니 항상 분주하게 지내는 삶에 갇히게 된다. 따라서 지치고 지쳐 '번아웃'으로 이어진다. 그러면 더는 일도 공부도 모두 하기 싫어진다.

이런 상태는 마치 사회에서 나타나는 아노미anomie 현상이 아닌가 싶다. 아노미 현상은 기존에 가지고 있던 가치 기준이나 질서가 상실되고 새로운 질서나 가치 기준이 확립되지 못하는 상태를 말한다. 즉 사회적 기준이나 규범, 가치관을 상실하여 정신적인 혼란이 계속되는 상태다. 다만 그 범주가 한 명이라는 개인으로 옮겨서 생각해보면 비슷한 점을 발견할 수 있다.

예를 들어, 뭐든지 열심히 하면서 사는 게 옳다고 생각하며 분주하게 하루하루를 보내던 사람이 있다고 가정해보자. 그런데 자신도 모르게 에너지 소모가 심한 삶으로 인해 번아웃이 오고, 그 삶에 지쳐서 자신이 겪는 삶의 가치에 대해 의문점을 갖기 시작한다. 이 사람은 특히 그동안 열심히 한 것에 대한 특별한 보상이 없는 삶에 대해 가치 혼란이 올 것이다. 아마도 굳이 그렇게까지 열심히 살 필요가 있을까 하는 후회도 할 것이다.

공부를 열심히 하던 수험생도 마찬가지로 성적이 나오지 않으면 이와 비슷한 경험을 할 것이다. 이 수험생도 번아웃 증후군으로 인해 점점 삶이 무너져 나태함으로 이어질 것이다. 어떻게 보면 이 나태함은 '무기력' 증상과도 같을 수 있다. 교육심리학자들은 이런 모습을 보이는 학생을 일컬어 '학습된 무기력'이 왔다고 말한다. 자신의 능력이 부족하여 자신이 목표로 하는 일을 해낼 수 없다는 생각을 갖게 된다는 말이다.

미국 소설가이자 평론가 플로이드 델은 "게으름은 아무것도 하지 않는 것이 아니라 어떤 것을 마음대로 하는 것이다."라고 했다. 즉 게으르고 나태한 삶이란 루틴과 질서가 없는 삶이란 말이다. 나태함은 방향성이 없어 마음의 에너지가 분산된 상태를 말한다. 또한 나태하다는 것은 오늘 할 일을 내일로 미루고, 내일이 되면 다시 다음 날로 할 일을 미루는 것을 말한다.

그렇다면 이런 상황에 놓이지 않으려면 어떻게 해야 할까? 혹은 나는 지금 나태함에 빠진 게 아닌지 점검해 보려면 어떻게 해야 할까?

게으름과 나태함을 가장 쉽게 알아차리는 방법이 있다. 자신의 체중과 체형이 혹시 변화했는지 확인해보는 것이다. 만일 몸이 무거워졌다면 그 무게와 비례하게 행동에 관한 의욕도 같이 무거워졌을 것이다. 이에 따라 삶도 더 무거운 삶을 살게 된다. 귀찮음과 편안함이란 달콤함으로 인해 불어난 몸은 더더욱 그 과실을 반복하며 악순환의 고리가 시작된다.

사실 루틴을 철저히 지키며 살아가는 나조차도 가끔은 번아웃이 와서 아무것도 안 하고 싶을 때가 있었다. 하루 정도 충분하게 잘 쉬고 다시 루틴으로 돌아오면 성공인데, 간혹 너무 몸과 마음이 지쳐서 일주일 동안 좋은 루틴을 깨고, 좋지 못한 루틴에 빠져드는 경우가 있었다.

밥을 먹자마자 소파에 누워서 휴대폰을 들고 유튜브 영상을 보는 일은 스트레스를 날려버리는 좋은 방법이다. 하지만 그게 1시간, 2시간, 3시간 그리고 하루, 이틀, 사흘이 지나 일주일 동안 반복되면 바로 '나태함'이라는 블랙홀에 빠지게 된다.

일주일이면 다행인데 그 이상 상황이 지속하면 심신 건강이 급격하게 무너지기 시작한다. 코로나 블루로 몇 달 동안 이 삶을 지속했더니 몸무게가 10kg이나 늘고, 체형은 외계인 E.T처럼 변했다. 축 처지고 늘어진 배를 보며 우울한 감정도 같이 생겨서 삶에 대한 의욕도 함께 사라졌다.

다행히 여러 노력 끝에 다시 천천히 루틴을 하나씩 만들어가며 지금의 상태가 되었지만, 나쁜 습관을 고치기 위해서는 큰 대가를 치러야만 했다. 나태함과 무기력증 그리고 우울함까지 조용히 삶을 갉아먹는 나쁜 습관이 우리 삶에 주는 영향은 어마어마하다.

소크라테스는 '악법도 법이다'라고 말했다. 우리가 가진 나쁜 습관도 결국은 습관이자 삶의 루틴이 된다. 그래서 좋은 루틴을 만드는 것이 얼마나 중요한지 알 수 있다. 눈뜨면 가장 먼저 하는 행동부터 잠자리에 들 때 하는 행동까지 우리가 만들어가는 루틴 하나하나가 다 소중하다는 의미다.

한 예로, 침대 정리는 1분도 안 걸리지만, 하루를 깔끔한 기분으로 시작하게 해준다. 그래서 자기계발서를 읽다 보면 성공의 요인 중 하나로 아침에 침대 정리를 꼽는 경우가 있다. 이렇게 별 거 아닌 일도 우리 삶에 하나씩 쌓여서 계속 영향을 준다. 그러니 나쁜 습관이 아무리 작은 것처럼 느껴지더라도 그 영향은 무시하면 안 될 것이다.

유머로 '그거 먹는 건가요?'라는 표현은 자신이 잘 모르는 이야기를 할 때 혹은 나랑은 아무런 관련이 없을 때 쓴다. 혹시 루틴을 잘 지키는 사람이라면 '나태함, 그거 먹는 건가요?'라고 분명히 말할 수 있을 것이다. 나쁜 습관 중 하나인 나태함은 루틴을 잘 지키는 사람들에게는 모르는 영역일 테니 말이다.

미국의 철학자이자 문명비평가인 루이스 멈포드는 '산업혁명의 가장 큰 핵심적인 기계장치는 증기기관차가 아니라 시계'라고 말했다. 시계의 발명으로 인해 정확한 시간 관리가 가능해졌기 때문이다. 이렇듯 현대 사회에서는 시간 관리가 유리한 상황이니 루틴의 힘을 더 길러볼 수 있을 것이다.

독일의 지휘자이자 피아니스트인 크리스토프 에센바흐는 '시간을 지배할 줄 아는 사람은 인생을 지배할 줄 아는 사람이다'라고 말했다. 아무리 나쁜 습관이라도 시간 관리를 통한 좋은 습관으로 바꾼다면 나태함 없이 일이든 공부든 성공적인 결과로 이끌 수 있을 것이다.

여러 차례에 걸쳐서 이렇게까지 루틴의 중요성과 그 효과에 관해 이야기했는데도 혹시 아직 루틴의 힘을 믿지 못하겠는가? 만일 그렇다면, 자신의 나태함에 대해 합리화하고 있을지 모른다. 이제는 합리화로 가득한 나태함은 던져버리고 좋은 루틴을 만들어야겠다고 다짐해보길 바란다.

📍 **루틴 포인트**

조금만 쉬어야지, 이 영상만 보고 나서 공부해야지 하면서 자꾸 나태 지옥으로 빠지는 자신의 모습이 있다면 빨리 정신 차리길 바란다. 나쁜 습관을 버리고 좋은 습관으로 다시 만들기까지는 더 오랜 시간이 걸리기 때문이다.

관성의 법칙은 생각보다 강하다

독일의 철학자인 괴테는 "시작하라. 그 자체가 천재성이고 힘이며 마력이다"라고 말했다. 왜 그는 우선 시작해보라 말했을까? 인간의 뇌는 행동으로 실천하기보다는 가볍게 상상하는 것을 더 선호하기 때문이다. 그것이 제일 편하고 가성비가 좋기 때문이다. 그래서 행동으로 옮기지 못하고 생각만 할 뿐이다.

하지만 일단 행동을 시작하면, 해야 하는 일이라 인식하고 그냥 생각 없이 하게 된다. 다른 무언가를 할지 말지 고민하기보다는 그냥 하고 있는 행동을 하는 것이 더 효율적일 수 있기 때문이다. 즉, 시작이 중요하다는 말이다. 선조들의 지혜가 담긴 속담에서도 '시작이 반'이라는 말이 그래서 나온 게 아닐까?

사실 한번 시작하면 계속 큰 힘을 들이지 않고 할 수 있는 것은 과학의 힘과도 관련이 있다. 영국의 과학자 아이작 뉴턴이 말한 운동 제1법칙인 '관성의 법칙'이 이를 증명한다. 관성이란 외부의 힘이 0일 때 계속 그 힘을 유지하려는 성질이다. 따라서 우리가 어떤 행동을 지속하고 있다면, 계속 그 행동을 할 수 있다는 말이다.

예를 들어, 시청자가 처음에 재미있는 드라마를 한번 보기 시작하면, 마지막 회가 끝날 때까지 계속해서 보려고 하는 것과 같다. 그래서 방송국에서는 드라마 초반에 큰 관심을 끌기 위해서 다양한 홍보도 하고, 내용도 더욱 흥미를 이끌 만한 내용을 넣으려 한다. 한번 보기 시작한 드라마를 중간에 멈추고 다른 드라마로 넘어오게 하는 건 쉽지 않기 때문이다.

사실 이 모든 것은 '익숙함'과 관련이 있다. 익숙해진다는 말은 뇌가 굳이 힘을 들이지 않아도 편하게 무언가를 할 수 있다는 의미다. 그렇기에 그 행동을 계속하려고 한다. 오른손잡이와 왼손잡이의 경우에도 각각 처음에 물건을 잡고 던지고 했던 경험이 익숙해서 계속 같은 손을 쓰게 되는 원리와도 같다.

처음에도 이야기했지만, 습관이라는 건 내가 무의식적으로 하는 행동이라 했다. 무의식적으로 할 수 있는 행동도 '익숙함'에서 나오는 행동이다. 어찌 보면 '익숙함의 절정'이 습관이라 할 수도 있지 않을까? 그래서 우리는 익숙해진 습관으로 인해 계속 멈추지 않고 행동을 하게 된다는 것이다.

이 습관이라는 건 시간이 지날수록 더 고착화되어 간다. 기존의 습관에 다른 습관을 더해서 더 강해진다는 말이다. 이것 또한 뉴턴의 운동 제2법칙인 가속도의 법칙과 맞물린다. 참고로 시간에 따라 속력이 변하는 비율을 나타낸 양을 '가속도'라고 한다. 또한 가속도는 운동 상태가 변하는 정도를 나타내는 것으로, 큰 힘이 작용하면 가속도가 커진다. 그러나 같은 크기의 힘이 작용하더라도 물체의 질량에 따라 가속도는 달라질 수 있다.

혹시 'F=ma'라는 공식을 기억하는가? 우리말로 번역해보면, '힘=질량×가속도'가 된다. 공식에 따르면 가속도는 힘에는 비례하고, 질량에는 반비례한다는 사실을 알 수 있다. 이를 습관으로 연결 지어 조금만 관점을 다르게 해서 보면, '습관의 힘=습관의 무게×습관의 가속도'로 바꾸어 볼 수 있다.

우선 습관의 무게를 습관으로 만드는 데 있어서 느끼는 부담감으로 가정해보자. 처음에 습관을 만들기 위해서는 부담감이 클 것이고, 습관의 가속도가 잘 붙지 않을 것이다. 하지만 점점 습관에 익숙해지면서 부담감이 감소하면 습관의 무게가 줄어들게 되고, 덕분에 가속도가 올라가게 된다. 처음에 습관을 형성하는 건 어렵지만, 하나둘씩 만들어 가다 보면 습관을 형성하는 속도도 빨라질 수 있다는 말이다.

두 번째로는 질량을 단순히 '습관의 양(개수)'으로 바꿔서 생각해보자. '습관의 힘=습관의 양(개수)×습관의 가속도'라는 공식으로 바꿔보면, '습관의 힘'이 왜 대단한지도 알 수 있다. 이미 습관을 만드는 가속도가 붙은 사람의 경우에 습관의 양이 늘어날수록 습관의 힘이 커지게 된다. 따라서 우리의 삶을 영유하는데 습관이 주는 영향이 커지게 된다.

혹시 이야기가 어렵게 느껴지는 독자를 위해 지금까지 적용한 규칙을 다시 쉽게 정리해볼까 한다. 습관을 '공'으로 비유해보겠다. 습관이 아직 형성되지 않은 사람은 가벼운 탁구공을 굴리는 거라고 할 수 있고, 습관을 많이 형성한 사람은 무거운 볼링공을 굴린다고 할 수 있다.

당연히 탁구공을 굴리는 힘은 별로 들지 않지만 가볍기 때문에 멀리 가지 못하고 금방 멈춰버린다. 굴러가려는 힘보다 마찰력과 같은 더 큰 저항의 힘에 영향을 받아서 그렇다. 반면 볼링공의 경우에는 무거워서 힘을 더 많이 들여야 하지만, 그만큼 멀리까지 오랫동안 굴러갈 수 있다. 바로 여기서 알 수 있는 점이 '관성'이다. 무거울수록 힘이 더 커지기 때문에 '관성'도 더 강해진다. 그래서 저항이 있어도 자신의 힘의 성질을 유지하기 위해서 계속 굴러가는 것이다.

습관도 마찬가지다. 비록 처음에 습관을 만들기는 어려울 수 있다. 왜냐하면 그동안 내가 해온 행동들이 이미 관성의 힘을 가지고 있기 때문이다. 하지만 관성의 방향은 바뀔 수 있다. 원래 있던 힘보다 더 큰 힘을 가해서 바꾸면 된다. 그러면 새로운 관성의 힘으로 작용한다. 즉, 새로운 습관을 만들 수만 있다면 그 습관을 유지하려는 성질을 가질 수 있다는 말이다.

그리고 기존 습관에 다른 습관을 더하면서 습관을 만드는 일이 쉬워지면, 가속도가 붙을 것이다. 그 습관의 양이 많아지면서 동시에 습관이 주는 영향력도 어마어마해질 것이다. 하나씩 떼어서 보면 별 거 아닌 것 같지만, 우리 삶을 지배하고 있는 습관을 다 찾아서 확인해보면 자신에게 얼마나 영향을 주는지 알 수 있다는 말이다.

지금까지 관성의 법칙과 가속도의 법칙을 적용해보며 '습관'의 힘에 대해서 알아봤다. 사실은 왜 습관을 길러야 하는지 그 이유를 계속 찾고 있다. 쉽게 설명하기 위해서 단순히 행동이라고 말했지만, 이 행동을 '공부'로 가져왔을 때를 생각해보면 좋겠다.

비록 처음에는 책상에 앉는 것이 힘들고, 연필을 드는 게 힘들고, 책을 읽는 게 힘들고, 노트 필기를 하는 게 힘들 수 있다. 하지만 하나씩 습관으로 만들어 간다면, 모든 것이 쉬워지고 가속도가 붙어서 다른 습관을 만드는 시간도 단축할 수 있다. 예를 들어, 한 과목으로 공부하는 습관이 형성되었다면, 다른 과목을 공부할 때도 똑같은 방법으로 습관을 만들면 되기 때문에 더 빨라지는 것과 같은 원리다.

무엇이든 처음이 어려운 건 사실이다. 하지만 우선 '시작'을 한다면 관성의 법칙과 가속도의 법칙에 따라 지속하는 힘을 얻을 수 있고, 더 빠르게 성장하는 자신의 모습을 발견할 수 있을 것이다. 그러니 이제부터라도 생각은 줄이고, 행동으로 먼저 실천해보는 건 어떨까?

 루틴 포인트

공부가 잘 안 된다고 계속 고민하는 것보다 차라리 그 시간에 한 글자라도 더 보려고 한다면 자신도 모르게 공부하고 있는 모습을 발견할 수 있을 것이다. 일단 아무 생각 없이 책상에 앉아서 책을 펴보자. 그러면 공부를 시작할 수 있을 것이다.

성공한 사람들은 좋은 습관을 만들었다

음악 천재라고 불리는 볼프강 아마데우스 모차르트는 단지 천재적인 재능을 타고난 행운아라고 생각하는가? 그것은 그의 성실한 루틴을 잘 몰라서 하는 이야기다. 그는 매일 아침 6시에 일어나서 꽃단장을 하고, 7시부터 9시까지는 작곡을 했다. 오전에는 레슨을 하고, 오후 2시에는 점심을 먹었으며 다시 레슨을 하고 저녁 7시에 식사를 했다. 그 후 연주회나 레슨을 하고 밤 11시부터 1시까지는 밤 작곡을 한 후에 침실에 들었다.

모차르트의 정해진 루틴을 보면 알겠지만, 작곡, 레슨, 연주회 등 종일 음악과 관련된 루틴으로 구성되어 있다. 천재성도 무시할 수는 없지만, 그 천재성에는 끊임없는 루틴과 수많은 노력이 숨어 있는 걸 알 수 있다. 이 사례를 통해 토머스 에디슨의 "천재성과 성공은 99퍼센트의 노력(=루틴)과 1퍼센트의 영감에서 온다"라는 말을 증명할 수 있다.

세계적인 문학가들도 자신만의 창작 습관과 루틴을 가지고 있었다. 미국의 대표적인 소설가 어니스트 헤밍웨이는 하루에 꼬박꼬박 500 단어씩 글을 썼고, 러시아의 대표적인 소설가인 레프 톨스토이는 60년간 꾸준히 일기를 썼다. 우리나라의 대표적인 소설가 조정래도 스스로 '글 감옥'에 가둔다는 표현을 쓴다. 하루 15시간, 200자 원고지 25매 이상 매일 같이 쓴다는 자신과의 약속을 어긴 적이 없다.

루틴과 관련된 사례에 항상 등장하는 아시아의 대표 소설가인 일본의 무라카미 하루키도 마찬가지다. 이 일화는 너무도 유명해서 다양한 책에서 다룬다. 그는 새벽 4시에 기상해서 5~6시간 동안 글을 쓰고, 오후에는 10km 달리기나 1.5km 수영을 한 다음 독서와 음악 감상을 하고, 매일 밤 9시경에 잠자리에 든다.

《루틴의 힘》이라는 책에서는 이런 반복적이고 규칙적인 습관은 운동선수에게도 나타나는 매우 중요한 부분이라고 말한다. 특별하지 않은 행동도 자신만의 행동으로 굳어져서 루틴이 되면 기량을 발휘하는 데 큰 영향을 주기 때문이다. 이 책에서는 3명의 운동선수의 행동에 주목했다.

"테니스 스타 나달은 서브를 넣기 전에 엉덩이, 양쪽 어깨, 코, 귀를 차례로 만진다. 피겨 여왕 김연아 선수는 몸을 풀 때 항상 경기장을 반시계 방향으로 한 바퀴 돈 다음 뒤로 서서 S자를 그리며 활주한다. 메이저리거 류현진 선수는 경기 전에 고온 사우나를 30분 이상 즐기는 것으로 유명하다."

시합 전에 하는 이런 루틴과 같은 행동이 얼마나 시합에 영향을 줄 수 있는지에 대한 사례도 있다. 2010년 한국 프로야구에 도입된 투수들의 12초 촉진룰의 여파로 타자들의 타격 준비 동작에 큰 변화가 있었다. 12초 촉진룰이 적용되면, 타자가 타석에 서는 순간부터 초를 재며 투수가 내딛는 발을 올릴 때까지의 과정이 12초 내에 이뤄져야 하기 때문이다.

그 시절 타석에 들어서는 과정에서 '딜레이 5단계 준비 동작'으로 유명한 삼성 라이언스 팀 소속 박한이 선수가 가장 큰 영향을 받았다. 그는 타석에 서면 우선 배팅 장갑을 풀었다 조였다 하며 만지작거리고, 낮은 점프 두세 번을 하고, 헬멧을 벗어 얼굴을 덮었다 뗀 뒤, 배트로 홈플레이트 뒤쪽을 톡톡 두 차례 친 뒤, 다시 배트로 홈플레이트 앞쪽에 선을 그었다. 이것이 박한이 선수의 '딜레이 5종 세트'다. 최고로 오래 걸린 시간을 재 보니 24초가 걸린 경우도 있었다.

규정이 생긴 후 그는 기본적으로 규정에 따라 타석에서 벗어나지 않았다. 더불어 가장 대표적인 루틴 동작이었던 헬멧을 벗었다 다시 쓰는 자세를 버렸다. 타석에서 방망이로 긋는 행동은 그대로였지만, 헬멧에는 전혀 손대지 않았다. 새로 도입된 규정에 따라 시간 단축을 위해 자신의 루틴을 조정한 것이다.

하지만 한 인터뷰에서 그는 루틴을 고쳐보기 위해 노력을 했으나 루틴을 따르지 않으면 안타가 나오지 않아서 어쩔 수 없이 루틴을 다시 찾을 수밖에 없다고 밝혔다. 그리고 다행히 루틴을 유지한 덕분에 계속 타율을 유지할 수 있었다.

> "솔직히 저도 노력 많이 했습니다. 전지훈련 가서 헬멧도 안
> 써보고, 장갑도 안 풀어보고, 발 치는 것도 안 해봤는데 정작
> 시즌 들어가면 이전으로 돌아가게 되더라고요. 연습경기나
> 시범경기 때 안타 하나도 못 치거든요. 몇 게임을 해도 무안타
> 가 계속되면 어쩔 수 없이 이전의 루틴을 따르게 되고, 그렇게
> 하면 바로 안타가 나와요. 루틴을 고수할 수밖에 없었어요."
>
> [스포츠 칼럼 이영미 人터뷰 中]

이렇듯 수많은 문학가, 예술가, 운동선수는 자신의 분야에서 최상의 역량을 발휘하기 위해 고유의 행동과 절차를 반복한다. 또한 자신이 만든 루틴에 의해 큰 영향을 받기도 한다. 따라서 성공하고자 하는 사람들은 항상 좋은 루틴을 만들려고 노력한다.

이러한 좋은 루틴은 공부할 때도 큰 도움이 된다. 성공한 사람들이 그랬던 것처럼 우리의 불안을 해소하고 평정심을 유지시켜준다. 게다가 집중력을 높이고 꾸준하게 공부할 힘을 길러

준다. 무엇보다 공부하기 싫을 때도 평소에 하던 일이니까 시작할 수 있도록 해주고, 이에 따라 중간에 포기하지 않고 끝까지 포기하지 않도록 해준다. 이렇게 좋은 루틴을 활용하면 작심삼일作心三日로 그치기 쉬운 결심을 얼마든지 완수하도록 돕는다.

지금까지 〈2장 왜why 루틴인가?〉를 통해 루틴이 우리의 삶에 얼마나 많은 영향을 주고 있는지에 대해서 살펴봤고, 루틴의 힘이 얼마나 위대한지 알 수 있었다. 앞으로는 어떤 원리로 루틴이 생기고, 바뀔 수 있는지 그리고 어떻게 하면 효율적으로 좋은 루틴을 만들 수 있을지 알아볼 것이다.

성공한 사람들도 처음부터 루틴의 힘이 얼마나 대단한지 몰랐을 것이다. 또한 어떤 원리에 의해서 루틴이 생기는지도 잘 모르는 경우가 있다. 하지만 루틴의 힘을 경험하고, 루틴을 하나씩 만드는 중이라면 루틴 형성 원리에 대해 자세히 알아보도록 하자. 그리고 공부하는 수험생으로서도 어떻게 '공부 루틴'을 만들어가야 할지 고민해보는 시간이 되기를 바란다.

루틴 포인트

성공한 사람들의 배경에는 철저한 루틴 지키기가 있었다는 사실을 잊지 않아야 한다. 공부하는 수험생이라면 공부 루틴을 만들고, 꾸준하게 실천해야 한다는 사실을 잊지 말자. 결국에는 그 루틴 덕분에 성공적인 입시를 해낼 수 있을 것이다.

 **3장**───────────────

어떻게(how)
루틴을 만들 것인가?
루틴의 형성 방법

───────────────

습관 형성에도 성숙의 시간이 필요하다

습관이나 루틴도 프로그램으로 만들어서 뇌에 주입할 수 있으면 얼마나 좋을까 상상해본다. 마치 로봇에 칩을 심어서 작동하게 하는 것처럼 말이다. 아쉽게도 인간이 하는 일 중에서 그렇게 하루아침에 아웃풋을 만들어내는 경우는 거의 없다. 언제나 인고忍苦의 시간이 있어야 결과가 나오기 때문이다.

적절한 시간을 가져야 숙성되어 풍미를 내는 와인이 되는 것처럼, 좋은 습관도 만들어지기 위해서는 적당한 시간이 지나야 한다. 연구마다 말하는 기간이 다르기는 하지만, 그래도 분명한 건 시간이 걸린다는 점이다. 현대에서는 뇌과학과 연결 지어 이를 설명하는데, 들어보면 납득이 가는 부분이 있다.

우선 미국의 의사 맥스웰 몰츠는 우리의 뇌가 새로운 행동에 익숙해지는 데 걸리는 최소한의 시간이 21일 정도라고 했다. 손이나 발이 절단된 환자가 신체 일부를 잃었다는 사실에 익숙해지는 데 걸리는 시간이 21일 정도라는 사실을 확인했기 때문이다. 이를 바탕으로 추론해 보건대 최소한 21일 동안은 계속해야 습관이 형성된다.

런던 대학의 제인 워들 교수는 한 실험을 통해 습관을 완전히 익히는 데는 약 66일이 걸린다는 결론에 다다랐다. 사실 실험에 참가한 사람들은 최소 18일부터 최대 254일까지 큰 편차를 보였지만, 평균적으로 약 66일이 지나면 생각이나 의지 없이 자동적으로 행동하는 게 가능했다.

정리해보자면 21일은 습관을 뇌에 각인시키는 최소한의 시간이고, 각인시킨 습관을 66일의 시간 동안 지속해야 그 뒤로는 자동적으로 습관이 형성된다는 것이다. 여기까지는 우리가 습관 형성 기간과 관련하여 정말 자주 접할 수 있는 연구 결과다. 그런데 흥미로운 연구가 하나 더 있어서 소개하고자 한다.

오래전 나사NASA에서는 무중력 상태에서 인간의 공간 및 방향 감각에 대한 실험을 한 적이 있다. 실험자들은 특수 안경을 착용하였는데, 이 안경은 세상에 보이는 모든 모습이 180도 뒤집어져 보이는 안경이었다. 하루 종일 이 안경을 쓰고 생활을 해야 하니 처음에 실험자들은 극심한 스트레스에 시달렸다. 혈압도 불안정해지고 다양한 부작용 증세가 나타났다.

그래도 실험은 지속되었고, 27일째 되는 날 한 실험자에게서 신기한 일이 벌어졌다. 180도 뒤집혀 보이던 세상이 다시 정상으로 돌아온 것이다. 다른 장치를 추가하거나 안경을 바꾸거나 하지 않았지만 그 실험자의 눈이 세상을 다시 뒤집어 놓은 것이다. 며칠 후에는 실험에 참가한 모든 사람들에게도 같은 결과가 나타났다.

사실 세상을 180도 거꾸로 바라보는 일은 쉽지 않다. 놀이기구를 타고 조금만 어지러워도 구토 증상이 나타날 수도 있는 노릇이지 않은가. 이렇게 쉽게 적응할 수 없는 상황이었지만 27일에서 30일 동안 지속적으로 같은 환경에 노출되자, 뇌가 시냅스 연결망을 새롭게 바꾼 것이다. 원래 가지고 있던 시각 및 공간 지각 인식 체계를 180도 바꿔서 인식하도록 한 것이다.

변하지 않을 것 같던 신체의 일부 기능도 이렇게 지속적으로 같은 환경에 놓이자 '적응'을 했다. 따라서 우리가 의지를 가지고 만들려는 루틴이나 습관도 충분히 시간을 들이면 형성할 수 있다. 여기서 중요한 건 '꾸준한 반복'이다. 뇌과학적으로 반복한다는 것은 특정 자극을 뇌세포에 전달하는 것이기 때문이다.

뇌세포가 어떤 자극을 받으면 뇌에서는 '단기 기억'이 형성되고, 만일 이 자극이 반복되면 될수록 뇌세포의 DNA가 자극되어 시냅스 연결이 더욱 긴밀해지면서 '장기 기억'으로 바뀐다. 비유를 해보자면, 처음에는 1, 2차선 도로가 계속 확장되어 나중에는 8차선 도로로 변하게 된다. 처음에는 차들이 속도를 낼 수 없더라도 8차선에서는 빠르게 쌩쌩 달릴 수 있게 된다.

습관도 마찬가지다. 처음에 습관을 형성하기까지는 시간이 필요하지만, 반복될수록 행동은 익숙해지고 나중에는 더욱 쉽고 효율적으로 그 행동을 할 수 있게 된다. 그게 곧 습관이고 루틴이 아닌가.

《게으른 십대를 위한 작은 습관의 힘》을 쓴 장근영 작가는 습관 형성 원리에서 '행동-보상-신호-갈망-행동 반복' 순으로 자동화가 이뤄진다고 했다. 우선 어떤 행동을 했을 때 우리는 거기에서 보상이라는 감정을 얻게 된다. 물론 이때는 좋은 보상이었을 때이다. 그러면 우리의 뇌는 이를 보상 받는 신호로 인식하고 다시 하고 싶다는 생각을 하게 만든다. 자신도 모르게 갈망이 생기니 처음에 했던 행동을 반복하게 되는 것이다.

아쉽게도 우리가 만들고 싶은 좋은 행동은 의지를 가지지 않으면 하기 힘들다. 뇌에서 쾌락을 느끼게 하는 '도파민'이라는 호르몬이 나오는 행동은 주로 우리 몸에 좋지 못한 것들이 많다. 예를 들면, 달콤한 초콜릿 먹기, 자극적인 영상 시청 등 우리가 유혹에 쉽게 빠지는 행동이다. 그래서 이런 안 좋은 행동이 습관이 되는 건 금방이다.

반면 책 읽기라든가 공부 습관을 들이기 위해서는 적지 않은 시간이 걸릴 수 있다. 특히 보상과 신호 체계에서 다른 유혹에 밀리기 때문에 더욱 그렇다. 또한 뇌는 효율성을 매우 중요시하기 때문에 새로운 걸 만들어 내는 과정에서 많은 양의 에너지를 쓰는 걸 별로 좋아하지 않는다. 그래서 나쁜 습관을 없애고, 좋은 습관을 만들려고 해도 쉽지 않다.

그나마 위안을 삼을 수 있다면, 앞에서 말한 것처럼 의지와 상관없이 같은 환경에 계속 노출시키거나 같은 행동을 꾸준히 반복한다면 새로운 습관으로 바꿀 수 있다. 그러니 공부하는 게 힘들고 어렵다고 쉽게 포기하지 않았으면 좋겠다. 공부를 잘하게 되는 기회는 누구에게나 주어져 있기 때문이다. 방법을 모르거나 습관 형성이 안 되었을 뿐이기 때문이다.

앞으로 차근차근 습관 형성 방법에 대해 알아가며 공부 습관을 기르기를 바란다. 지금 이 글을 읽는 순간에 조금이라도 공부를 한 번 해볼 수 있겠다는 생각이 들었다면, 뇌에서는 좋은 신호를 보내고 있다는 증거다. 앞으로 남은 내용도 계속 읽고, 습관 형성에 노력을 기울인다면 분명 좋은 공부 습관을 형성하리라 믿는다.

📍 루틴 포인트

딱 눈 감고 21일만 반복해서 공부 습관을 길러보자. 그리고 21일을 지켜냈다면, 66일을 다음 목표로 세워보자. 그러면 자신도 모르게 공부하는 게 자연스러운 사람이 되어 있을 것이다. 밑져야 본전이니 딱 한 번만 믿고 실행해보자.

익숙한 루틴에 살을 붙여라

어린아이들이 점토로 무언가를 만들어 보려고 하는데 온전한 형태를 만들기가 쉽지 않다. 예를 들어, 목이 긴 기린을 만든다고 해보자. 어디서 본 적이 있어서 몸통부터 만들고 나서 머리, 목, 다리, 꼬리 등 나머지를 붙여 나간다. 막상 점토로 만든 기린을 세워두려고 하니 흐물거려서 잘 세워지지 않는다. 표면도 울퉁불퉁하고 바르게 펴려니 자꾸 형태가 바뀐다.

우리가 만들고자 하는 습관도 마찬가지로 아무런 준비 없이 만들려고 하면 잘 안 된다. 하지만 기존에 있던 루틴에 다른 루틴을 하나씩 붙여 나가면 생각보다 효과가 있다. 뼈대 없이 만든 점토는 올바르게 모양을 만들기가 어렵지만, 뼈대를 먼저 세우고 그 위에 살을 붙여가며 만든 점토는 튼튼하고, 모양도 더 잘 만들어지는 것처럼 말이다.

뇌는 지극히 에너지 효율을 따지기 때문에 습관을 형성할 때도 에너지를 아끼려고 한다. 왜냐면 뇌는 언제나 효율적인 움직임을 만들려고 노력하기 때문이다. 리사 펠드먼 배럿 박사가 쓴 《이토록 뜻밖의 뇌과학》에서는 뇌의 가장 중요한 임무는 '생존을 위해 에너지가 언제 얼마나 필요할지 예측함으로써 가치 있는 움직임을 효율적으로 해내도록 신체를 제어하는 것'이라 했다.

우리가 익숙하지 않은 새로운 행동을 할 때는 뇌가 새로운 정보를 받아들이면서 에너지를 많이 쓰게 되기에 이를 배척하려 든다. 반면에 기존에 하던 행동은 이미 익숙해져서 힘을 들이지 않아도 자동으로 행동이 나오게 할 수 있기에 에너지를 많이 쓰지 않아도 된다. 그래서 익숙한 행동을 더 하려고 한다.

이런 상황을 고려해보면, 너무 새로운 습관을 만들려고 하기보다는 기존에 있던 습관에 무언가를 더할 때 조금씩 습관을 늘려나갈 수 있다는 걸 알 수 있다. 방법은 두 가지가 있다. 같은 행동의 양을 늘리거나 혹은 기존의 행동과 연결되는 크게 새롭지 않은 행동을 덧붙이는 것이다.

우선 같은 행동의 양을 늘리는 건 시간이나 횟수를 늘리는 방법이다. 공부를 전혀 안 하던 사람이 책상에 10분 앉는 습관을 들였다고 가정해보자. 처음에는 10분이었지만, 같은 행동을 반복함으로써 10분을 20분으로, 20분을 30분으로, 30분을 1시간으로 점점 늘려가는 것이다. 혹은 처음엔 수학 문제를 1문제만 풀었다면, 그 행동을 반복하면서 문제 수를 점점 늘려 가보는 것이다.

그리고 다른 행동을 습관으로 만들고자 한다면 기존에 하던 행동과 연계되도록 상황을 만드는 것이다. 예를 들어, 의자에 엉덩이를 대고 앉고, 책상 위에 책을 펴는 행동을 먼저 습관으로 만들었다고 가정해보자. 이 행동에 익숙해지면 그다음에는 책을 읽으려고 해보는 것이다. 다시 책을 눈으로 읽으며 이해하는 행동이 익숙해지면, 읽었던 책 내용을 펜을 들어 노트에 정리해보는 것이다. 더 나아가 그냥 책 내용을 그대로 베끼는 게 아니라 자신의 말로 바꿔서 내용을 정리해보는 것이다.

이렇게 글로 상황을 가정해보니 어떤가? 충분히 할 수 있을 것 같은 느낌이 드는가? 별 것 아닌 것 같지만, 앞에서 말한 습관을 늘려나가는 방법 두 가지는 실제 공부 습관을 들이는 과정을 설명한 것이다. 공부를 열심히 하는 학생들이 현실적으로 실천하는 공부 습관을 늘려나가는 과정이라는 말이다.

그런데 생각보다 이렇게 공부 습관을 늘려나가는 건 쉽지 않다. 그 이유는 공부하는 것 자체가 에너지를 많이 쓰는 행동이기 때문이다. 단순하게 의자에 앉고, 펜을 들고, 쓰고 하는 행동은 간단하지만, 글을 읽고 이해하고 생각하는 과정은 깊은 사고의 과정, 즉 에너지 소모가 많을 수밖에 없다. 우리 뇌의 무게는 체중의 2%밖에 안 되지만, 에너지 소모는 전체의 25%나 차지

한다고 하니 과부하가 걸리지 않으려고 더욱 효율을 따지는 것이다. 그래서 순간 짧은 기억은 무한대이지만, 장기기억으로 남는 건 얼마 안 되는 이유도 모두 에너지를 효율적으로 쓰기 위해서다.

다행인 건 일정 기간 반복을 통해 형성된 습관은 관성처럼 유지하고자 하는 성질도 생긴다. 그래서 평소 우리가 살아가는 기존 루틴에 살을 붙이라는 말이다. 예를 들면, 밥은 우리가 하루 세끼 꼭 먹어야만 하는 루틴이다. 그 루틴에 가볍게 다른 루틴을 더해보는 것이다. 나의 경우엔 식사 후에 산책하는 것이 혈당을 낮추는 데 도움이 된다는 사실을 알고 매일 점심을 먹고 나면 바로 산책에 나선다. 날씨가 좋든, 안 좋든지 혹은 날이 덥든, 춥든 상관없이 점심을 먹으면 바로 밖으로 나간다.

마치 기존 루틴은 타이머와 같은 역할을 한다. 시간이 되면 같은 행동을 반복할 수 있기 때문이다. 한편으로는 뇌를 속이는 과정이라고도 할 수 있다. 이미 오랜 시간 습관으로 굳혀진 행동에 작은 습관을 하나 더함으로써 티가 나지 않게 할 수 있기 때문이다. 수업을 듣는 수강생이 만일 10명인데 1명을 추가할 때와 100명인데 1명을 추가할 때를 비교해볼 수 있다. 전자의 경우에는 티가 확 날 것이고, 후자의 경우에는 티가 잘 안 날 것이다.

이를 통해 유추해 볼 수 있는 건, 뇌가 거부감이 들지 않도록 하면 성공적으로 습관을 늘려나갈 수 있다는 것이다. 한 연구에 따르면, 채소를 별로 좋아하지 않는 아이들에게 채소를 먹게 하려면 좋아하는 음식에 채소를 조금 추가하면 된다고 했다. 또 다른 연구에서는 쓴 커피를 못 마시는 사람들이 커피를 좋아하도록 만들기 위해 처음에는 시럽을 많이 넣었다가 점점 줄여가며 쓴 커피를 마시게 하는 경우가 있었다.

후자 연구 사례는 사실 나에게도 일어난 일이었다. 맛도 쓰고 카페인 성분 때문인지 커피를 마시고 나면 심장이 두근거렸던 나도 점차 커피를 잘 마시게 되었다. 처음에는 캐러멜 마키아토나 바닐라 라테처럼 우유도 섞고, 달달한 시럽도 섞인 커피부터 시작했다. 그러다가 점점 시럽 양도 줄였고, 우유가 들어간 라테에서 아메리카노로 넘어오게 되었다. 지금은 오히려 시럽이 들어간 커피는 너무 달아서 싫고, 커피 고유의 향이 느껴지는 깔끔한 아메리카노가 좋다.

어떻게 보면 이는 놀란 가슴을 천천히 진정시키는 '체계적 둔감화'라는 기법과 비슷하다고도 볼 수 있다. 혹은 천천히 세뇌의 과정을 통해 습관을 하나씩 늘려가는 방법과도 같다.

중요한 건 서두르지 않아야 하고, 원래 가지고 있던 루틴이나 습관에 티가 안 나게 덧붙이기를 하는 것이다. 모래 위에 성을 지으면 금방 무너지지만, 단단한 콘크리트를 바닥에 깔고 그 위에 성을 지어 나간다면 튼튼한 성을 지을 수 있을 것이다. 그러니 단단한 습관에 다른 습관이라는 살을 조금씩 붙여 나가길 바란다.

 루틴 포인트

무(無)에서 유(有)를 창조하는 것보다는 기존에 가지고 있던 익숙한 루틴에 살을 붙이는 방법이 유효하다. 아직 공부 루틴이 잡혀 있지 않다면, 기존에 내가 하던 일상생활 루틴에 가벼운 공부 루틴을 덧붙여보자. 분명 효과가 있을 것이다.

의지가 약하다면 환경을 바꿔라

맹모삼천지교孟母三遷之敎는 중국 사상가인 맹자孟子의 어머니가 맹자의 교육을 위해 세 번이나 이사를 한 것을 의미하는 한자성어로 교육에는 주위 환경이 그만큼 중요하다는 가르침을 주는 말이다. 우리말 속담에도 '친구 따라 강남 간다'는 말이 있는 것처럼 주변 환경(사람)에 따라서 우리의 행동이, 나아가 삶이 바뀔 수 있다는 것을 의미하는 게 아닐까? 그런데 왜 공자의 어머니는 이성적으로 행동을 바꾸라고 자식을 타이르거나 혼내거나 하지 않고, 환경을 바꾸는 이사를 선택했을까?

맹자 어머니의 세 번의 이사 관련 이야기를 살펴보자. 처음에는 묘지 근처로 이사를 했는데, 그때 맹자가 보고 듣는 것이 상여喪輿와 곡성哭聲이라 항상 그 흉내만 내서 맹자 어머니는 이곳이 자식 기를 곳이 못 된다 생각하고 이사를 결심했다. 근처에 있는 저잣거리로 집을 옮겼더니 역시 맹자는 장사꾼 흉내를 냈다.

다시금 이곳도 자식 기를 곳이 아니라 생각하여 서당書堂 근처로 이사하니 맹자가 늘 글 읽는 흉내를 냈고 이곳이야말로 자식 기르기에 적합하다 생각했다.

사례를 통해 알 수 있듯, 맹자는 자신이 처한 환경 속에서 '보고, 듣는 것'에 많은 영향을 받은 것으로 보인다. 이런 어린 맹자를 이성적으로 말로 타일렀다고 해서 과연 행동이 바뀌었을까? 그렇지 않았을 것이다.

'의지'라는 건 이성적인 행동에서 나온다. 그런데 어린 맹자의 경우엔 나이가 어려서 성숙하지 못했기 때문에 이성적인 행동보다는 자신이 보고, 듣는 감각에 충실했을 가능성이 높다. 실제 한 연구에 따르면, 우리가 정보를 습득할 때 감각 기관별 정보를 수용하는 비율은 시각 83%, 청각 11%, 후각 3.5%, 촉각 1.5%, 미각 1.0%라고 한다. 이렇듯이 우리는 본능적으로 눈만 뜨면 보이는 주변 환경에 의해 감각적으로 정보를 받아들인다는 말이다.

아무리 성숙한 어른이라고 할지라도 본능과 유혹을 이길 수 없다. 그 이유는 뇌과학에서 찾을 수 있다. 감정을 통제하고 이성적 사고를 관장하는 전두엽은 청소년기쯤부터 발달하기 시작한다. 그렇기에 어린 시절에는 아무리 노력해도 본능적으로 느끼는 감정을 이기기가 쉽지 않다. 물론 성숙한 어른의 경우에도 감정을 먼저 느끼기에 감정을 스스로 조절하기 위해서는 이

성적으로 참고 견뎌야 한다.

인간은 '의지'보다는 '본능'에 충실할 수밖에 없다. 그래서 의지를 바꾸기보다는 주변 환경을 바꾸는 것이 훨씬 더 유리하다. 다양한 사례를 통해서 우리 주변 환경을 바꾸는 것이 왜 우리의 행동에 큰 영향을 줄 수 있는지 살펴보자.

호주의 사서 교사인 메건 데일리의 《독자 기르는 법》이라는 책에서는 아이들이 책을 읽는 습관을 기르려면 우선 주변 환경부터 바꿔야 한다고 했다. 앞에서도 이미 한 번 언급했지만, 자세히 이야기해보겠다.

이 책을 읽고 두 아이를 키우는 부모로서 결과가 궁금하여 직접 실천해봤다. 놀이방에 있던 책장을 거실로 꺼냈고, 아이들이 책을 편하게 읽을 수 있도록 어린이용 책상도 구매했다. 아이들이 편하게 앉을 수 있는 낮은 소파도 한쪽 벽에 두어 언제든 책을 읽을 수 있는 환경을 만들었다.

원래 거실은 빔프로젝트로 영상을 시청하거나 태블릿 PC 형태의 학습기를 이용하여 영상을 보는 장소였다. 아이들은 틈만 나면 영상에 중독될 것처럼 시도 때도 없이 화면을 계속 들여다봤다. 아이들 먼저 밥을 먹이고 나서 영상을 볼 동안, 밥이라도 편하게 먹어보겠다고 고안한 방법이 영상 중독을 부르고 있었기에 큰 고민을 하고 있었다. 그래서 손해 볼 것 없다고 치고 환경을 바꾸기로 한 것이다.

큰 기대를 한 건 아니었는데, 예상보다 바로 효과가 있어서 놀랐다. 처음에는 영상을 보겠다고 몇 번 말하기는 했으나 주의를 돌려 책을 꺼내어 같이 읽어보자고 하니 금방 순응했다. 그렇게 아이들은 책을 하나둘씩 읽기 시작했다. 360도 사방을 둘러봐도 책밖에 없으니 책을 보게 된 것이다. 나중에는 시도 때도 없이 책을 들고 와서 읽어달라고 했다. 심지어 밥 먹을 때도 책을 읽어달라고 해서 또 다른 고민이 생겼지만, 입가에 미소가 번지는 행복한 고민이 되었다.

또 다른 사례로는 2020년 코로나19로 인해 우리 주변에서도 바뀐 환경을 쉽게 찾아볼 수 있다. 무엇보다 현재 어딜 가도 볼 수 있는 건 입구에 놓인 손 소독제다. 전 세계를 공포로 몰아넣은 코로나19가 팬데믹 시대를 만들면서 마스크 쓰기, 손 씻기, 손 소독제 사용하기 등 다양한 예방책이 나왔다.

그런데 밖에서는 물로 손을 씻을 수가 없으니 차선책으로 세균과 바이러스를 죽이는 손 소독제를 입구마다 둔 것이다. 코로나19 시대 이전에는 손 소독제를 쓰는 사람은 그렇게 많지 않다. 하지만 어딜 가더라도 손 소독제가 비치되어 있으니 자신도 모르게 펌프를 눌러 소독제를 손에 바른다. 이것이 바로 환경을 바꾸어 새로 생긴 습관이다.

어떻게 보면 코로나 19로 인해 바이러스가 전파될 수 있는 환경이 우리의 삶을 바꾸었다고도 볼 수 있다. 마스크를 쓰지 않으면 감염이 잘 되니까 마스크를 쓰도록 벌금을 정하여 항상 마스크를 쓰도록 만들었다. 그래서 사람들은 마스크를 쓰고 나가는 걸 깜박하지 않으려고 일부러 현관 쪽에 마스크를 두고 언제든 쓰고 나갈 수 있게 환경을 만든다. 혹은 마스크 끈이 끊어질 때도 있어서 항상 예비용 마스크를 들고 다니기도 한다.

2020년 전후로 태어난 아이들은 밖에 나갈 때는 무조건 마스크를 쓰는 것으로 알고 있다. 그 아이들은 마스크 없이 밖에 나가는 세상에서 살아본 적이 없기 때문이다. 본인의 의지와 상관없이 그런 세상일 때 태어났기에 따를 수밖에 없는 것이다. 우리의 루틴이나 습관도 어쩔 수 없이 해야만 하는 환경에 놓이게 되면 저절로 생길 수밖에 없다.

그러니 만일 공부가 의지가 부족해서라는 이유라면 이제는 그 핑계는 던져버리고, 주변 환경을 먼저 바꿔보길 바란다. 그러면 자신도 모르게 공부하고 있는 자신을 발견할 수 있을 것이다.

📍 루틴 포인트

> 혹시 자신이 공부가 하기 싫은 이유가 정리되지 않은 어지러운 책상에서 공부해서 그런 건 아닌지 생각해보자. 만일 그렇다면 책상 정리 습관부터 기르자. 그렇게 하면 나중에 다시 책상에 앉을 때 기분 좋게 공부를 시작할 수 있을 것이다.

습관은 한 걸음부터 시작하라

    넓고 깊은 바다는 한순간에 만들어진 것이 아니다. 물방울이 모여 시냇물을 이루고, 시냇물이 모여 강을 이루고, 강물이 모여 바다가 된다. 습관도 마찬가지다. 우리는 처음부터 많은 습관을 갖고 태어나지 않았다. 아기 때부터 성인이 될 때까지 습관을 하나씩 차곡차곡 쌓았기 때문에 많은 습관이 생겼다. 다시 말해, 처음부터 우리의 삶에 큰 영향을 주는 습관이 있지는 않았다는 말이다.

    습관 형성에 있어서 가장 좋은 방법은 아주 작은 습관부터 시작하는 것이다. 《아주 작은 반복의 힘》이라는 책에는 이와 관련된 사례가 많이 들어 있는데, 그중에 기억에 남는 하나를 공유해보겠다. 우선 이 책에서 강조하는 건 '스몰 스텝' 전략이다. 한 예로, 고도 비만 환자가 상담을 받을 때, '1분 운동'을 권장 받고 기꺼이 하려는 의지를 보였다는 것이다.

의사는 TV 앞에 1분 동안만 서 있을 수 있냐고 물었고, 비만 환자는 그 정도는 가능하다고 말했다. 실제 매일 누워서 TV만 보던 환자는 의사가 말한 대로 일주일 동안 매일 1분 동안은 서서 TV를 봤다. 그리고 점점 서 있는 시간을 늘렸고, 나중에는 서 있기를 걷기로 그리고 달리기로 바꾸며 운동 강도를 높여갔다. 그렇게 서서히 습관을 형성할 수 있게 되었다. 이처럼 아주 작은 습관을 먼저 시작하면 누구나 자신이 할 수 있다고 믿기 때문에 실제로 실천으로 이어진다.

만일 계단은 1개씩 오르고, 덤벨은 1kg부터 든다고 가정해보자. 어떤가? 너무나도 쉬운 일이기 때문에 당연히 할 수 있다는 자신감이 생길 것이다. 또한 행동으로 바로 옮기고 있을 것이다. 이윤규 변호사가 쓴《공부의 본질》이라는 책에서도 이 부분을 다룬다. 무리하게 계획을 세우게 되면 성공 확률이 떨어져서 우리의 성취감도 사라지게 된다고 했다. 반면에 정말 작은 계획이라도 하나씩 성취하면 성취율이 100%가 되니까 항상 100% 성공률을 가진 목표를 갖게 된다고 말했다. 그로 인해 계속해서 앞으로 나아갈 힘이 생긴다고 했다.

어떤 일이든 재미와 즐거움이 있고, 무언가 보상이 있어야 계속하게 된다. 습관을 기를 때도 마찬가지다. 나에게 적당한 보상이 돌아와야 뇌는 그 행동을 계속하려고 한다. 즐거움을 주는 호르몬은 도파민인데, 우리가 성취감을 느낄 때도 이 호르몬이 생성된다. 따라서 작은 목표를 세우고, 하나씩 그 목표를 성취하라는 말이다. 처음에 언급했던 것처럼 물방울이 모여 결국 바다를 이룰 수 있기 때문이다.

반면에 처음부터 너무 무리한 습관을 만들려는 목표를 세우면 지키기가 어렵다. 예를 들어, 계단을 한 번에 5개씩 오르려고 한다면 가랑이가 찢어질지도 모른다. 혹은 무거운 덤벨을 100kg부터 시작한다고 하면 근육이 찢어질지도 모른다. 그렇게 되면 다시 도전하고픈 마음도 사라질 것이다. 이렇게 무리하게 계획을 세워서 시작하려고 하면 절대로 목표를 이룰 수 없다.

많은 사람이 공부를 포기하고, 다이어트를 포기하는 이유도 어떻게 보면 너무 무리한 계획을 세웠기 때문일 수 있다. 무조건 100점 맞고, 1등을 하겠다고 생각하면 자신이 이루지 못하는 계획이 되어 성취할 수 없다. 처음부터 10kg 감량이 목표가 되면 단기간에 결과를 이룰 수 없으니 포기하게 되는 것이다.

고3이 되어 지난날 부족했던 자신의 공부를 채우겠다고, 하루에 2시간씩만 자면서 공부하는 학생이 있었다. 처음에는 강한 의지를 갖고 열심히 했으나 일주일 만에 무너지는 모습을 보였다. 수업 시간에도 계속 졸거나 잠들면서 제대로 공부를 할 수 없었다. 한 달이 지난 후에는 위염이 생겨서 오히려 병원 신세를 지게 됐다. 처음에 잘해보겠다고 무리해서 세운 계획으로 인해 마라톤처럼 달려야 하는 고3 수험생활을 중간에 멈추게 된 것이다. 중간에 또 자신이 세운 계획을 만회해보려고 비슷한 노력을 했으나 수능이 다가올 시점에는 자신이 원하는 대학에 갈 수 없다고 생각해서인지 공부를 아예 내려놓았다. 잘해보려다가 오히려 원래 자신이 할 수 있는 것도 놓치고 잃게 된 경우라 볼 수 있다.

물론 내가 공부해야 할 전체 범위를 살펴보기 위해 1년 단위, 1개월 단위, 1주 단위로 계획을 세울 필요는 있다. 하지만 실천하는 공부는 하루 단위로 계획을 세워야 한다. 그래야 매일 공부하는 습관을 기를 수 있다. 평일에는 펑펑 놀고, 주말 이틀 동안 20시간 공부하는 것보다는 주말은 좀 쉬더라도 평일에 매일 조금씩 공부하는 습관이 더 효율적이라는 말이다. 하루에 2시간만 잠자고 나머지는 공부하겠다고 결심한 수험생보다 조금은 적은 시간 공부를 하더라도 매일 7시간 충분한 잠을 자면서 하루도 빠짐없이 공부하는 습관을 기른 학생이 결국 더 오래 많은 시간을 공부할 수 있다는 말이다.

이번에는 다이어트에 실패하는 이유를 살펴보자. 새해가 되면 다이어트 결심을 한 사람들이 운동하겠다고 체육시설에 몰린다. 코로나19 이전에는 정말 발 디딜 틈 없이 많은 사람이 모여들었다. 그러나 일주일 그리고 한 달이 지나면 금세 사람들의 발길이 끊어진다. 연말까지 이용하는 1년 회원권을 끊은 사람

중 365일 매일 시설을 이용하여 운동을 한 사람은 극히 드물다. 만일 이 사람들이 자신이 필요한 날에만 운동하겠다고 1일권을 끊었다면 어땠을까? 오히려 1년 회원권을 끊었을 때보다 운동 횟수가 많을 수도 있고, 아무리 할인받았다고 할지라도 실제 이용한 걸 생각하면 비용면에서도 절약할 수 있지 않을까 생각해 본다.

'나무보다는 숲'을 보라는 말이 있지만, 때로는 '숲보다는 나무'를 볼 필요가 있다고 생각한다. 특히 습관을 형성할 때는 큰 틀인 숲을 만들려고 하기보다는 나무 한 그루씩 심어가며 천천히 숲을 만들어 갈 필요가 있다. 단번에 숲을 만들려고 한다면 분명 중간에 지쳐서 포기하게 될 것이다. 반면 한 그루씩 심은 나무는 모여서 작은 숲을 이루고 나아가 점점 큰 숲으로 발전하게 될 것이다.

《아주 작은 습관의 힘》이라는 책을 쓴 제임스 클리어도 "습관은 우리 삶의 원자들과 같다. 목표를 높이지 마라. 시스템의 수준을 낮춰라"고 말하며 작은 습관부터 시작하라고 강조한다. 이는 위에서 말한 스몰 스텝 전략과도 같다. 습관을 잘 형성하기 위해서는 'step by step' 한 계단씩 오르는 전략을 잊지 않도록 하자. 오히려 그것이 목표를 이루는 가장 빠른 지름길일 수 있다.

루틴 포인트

공부 계획을 세울 때는 무리하게 많은 시간 혹은 양을 고려하기보다는 내가 해낼
수 있는 작은 단위로 쪼개서 계획을 세워보는 게 좋다. 1시간이 아니라 1분부터,
10문제가 아니라 1문제부터 시작하는 공부 습관이 필요하다는 말이다.

시작이 반이다.
생각보다 먼저 행동하라!

'작동 흥분 이론^{work excitement theory}'이란 말을 들어본 적이 있는가? 독일 정신의학자 에밀 크레펠린이 밝혀낸 이론으로 신체가 일단 움직이기 시작하면 뇌의 측좌핵 부위가 흥분하기 시작해 귀찮고 하기 싫은 일에도 의욕이 생기고 집중하게 되는 것을 의미한다.

처음에는 관심도 없고 별 볼일 없이 시작한 일도 하면 할수록 관심이 생길 수 있다. 그 관심이 이어져 재미도 있고, 기쁨으로 다가와 지속적으로 시작한 일을 할 수 있도록 뇌가 반응하는 것이다. 우리가 어떤 일을 계속해서 할 수 있는 힘의 시작은 그 일을 시작하는 것이다. 비록 시작은 어렵지만, 막상 시작하면 계속할 수 있는 힘을 얻을 수 있다는 말이다.

이를 물리학적으로도 생각해볼 수 있다. '최대 정지 마찰력'

은 정지해 있던 물체가 막 움직이기 시작하는 순간에 나타나는 마찰력이다. 물체를 움직이기 위해 힘을 가하면 어느 정도의 힘까지는 내가 물체에 가하는 힘만큼 물체가 버티는 힘도 커진다. 하지만 물체가 더는 버틸 수 없는 힘에 도달하면 버티는 힘을 낮추고 움직이게 된다. 따라서 최대 정지 마찰력을 넘어서면 물체는 움직이기 시작하고, 또 다른 큰 저항이 있지 않는 한 계속 움직일 수 있다는 말이다.

우리의 행동 그리고 습관도 마찬가지다. 시작이 어렵지 사실 한번 시작하고, 그 속에서 성취감을 느끼면 계속해서 행동을 하게 된다. 앞에서 여러 번 말한 것처럼, 뇌는 새로운 것(저항)을 별로 좋아하지 않는다. 그러나 일단 시작을 하면 그 일에 몰두하게 된다. 다시 에너지를 쏟아서 새로운 걸 하기보다는 하던 일을 하는 게 효율적이기 때문이다.

그렇다면 어떻게 해야 시작할 수 있을까? 정답은 생각을 줄이고 행동을 먼저 하는 것이다. '1톤의 생각보다 1그램의 행동'이 더 중요하다는 말이 있는 것처럼, 아무리 생각을 한다고 해도 행동으로 옮기지 않으면 절대 시작할 수 없다. 하늘을 날고 싶다고만 생각하고 직접 날지 않으면 평생 하늘을 날 수 없는 것처럼 말이다. 라이트 형제도 하늘을 나는 꿈만 꾸기만 했다면 비행기를 만들 수 없었을 것이다.

물론 신중하게, 깊게 생각하는 것이 중요하다. 그래야 좋은 생각이 떠오르기 때문이다. 하지만 아무리 좋은 생각도 행동으로 옮겨서 시작하지 않으면 무용지물이 된다. 전구를 발명한 토머스 에디슨도 첫 시작을 하지 않았다면 1000번 넘는 실험을 이어가지 못했을 것이다. 봉투 없는 진공청소기를 발명한 제임스 다이슨도 마찬가지로 자신이 희망하던 진공청소기를 만들기 위한 행동으로 옮기지 않았다면 5127번째에 걸쳐 만든 작품을 완성하지 못했을 것이다.

의대에 진학하고 싶었던 한 수험생은 고3 첫 모의고사에서 수학 4등급을 받고 충격이 심했다. 하지만 좌절하지 않고, 평소 자신이 하던 대로 매일 같은 자리에 앉아서 펜을 들었다. 그렇게 매일 빠짐없이 자신이 문제를 틀린 이유를 분석하며 수학 공부에 매진한 결과 수능에서는 100점을 받을 수 있었다. 어쩌면 그 수험생도 생각보다는 행동을 먼저 옮겼고, 매일 자신의 루틴대로 공부를 시작했기에 결국에는 목표를 이룬 것이 아닐까 생각한다. 쓸데없이 생각하며 시간을 낭비하기보다는 행동으로 바로 옮기려는 자세가 만든 기적이라고 할 수 있다.

강북삼성병원 소화기내과 박동일 교수는 우연히 동료가 걸어서 출근하는 모습을 보고, 한번 따라 했다가 괜찮다는 생각이 들어서 꾸준히 시간과 거리를 늘려가며 걷기 운동을 했다. 출근하는 데 1시간 반 정도 소요되는데 정류장까지 15분 걸어갔다가, 대중교통을 타고 중간에 내려서 병원까지 다시 걸어갔다.

처음에는 주 3회 정도 이렇게 출근했다. 걸어 보니 여러모로 좋아서 얼마 후 매일 걷기로 바꿨다. 이후 비가 오면 우산을 쓰고 걸으며 출근길 걷기를 하루도 거르지 않았다. 걸으며 출근하는 것이 익숙해지자 퇴근길도 걷기 시작했다. 쉽지는 않지만, 퇴근 후 시간이 확보되면서 이젠 퇴근길 걷기도 매일 했다. 게다가 처음에는 하루 1만 보가 목표였지만, 건강을 위해 현재는 2만 보를 걷게 되었다고 한다.

이처럼 시작할 때가 어렵지만 막상 시작하면 우리가 만들어 가는 습관과 루틴은 더욱 단단해진다. 다음으로는 공부와 관련된 독서 습관을 기른 한 작가의 사례를 통해 우리는 어떻게 공부 습관을 만들어야 할지 고민해보자.

《1천 권 독서법》을 쓴 전안나 작가는 작가가 되기 전에는 매우 평범한 두 아이의 엄마이자 직장인이었다. 그녀는 삶에 변화를 주고자 하루 한 권을 목표로 책 읽기를 시작했고, 3년 10개월이라는 시간 동안 1천 권의 책을 읽었다. 전안나 작가는 책에서 1천 권을 읽어가며 성장하는 과정을 이렇게 묘사했다.

"독서는 삶을 업그레이드시킨다. 100권을 읽었을 때 마음이 안정되는 것을 느꼈고, 200권을 읽으니 반쯤 포기했던 대학원에 붙었고, 300권을 읽자 열등감이 어느 정도 극복되면서 미워하고 원망하는 마음이 사라졌다. 500권을 읽자 일상생활과 업무에 적용할 만한 아이디어가 떠오르면서 의욕이 차올랐고, 800권을 읽은 뒤에는 독서를 제대로 이해하고 싶어 '독서지도사' 자격증을 취득했다. 그리고 1천 권을 읽은 뒤 작가가 되었다."

2022년 1월 문화체육관광부에서 발표한 '2021 국민 독서실태 조사' 결과에 따르면, 대한민국 성인의 연간 독서량은 4.5권으로 두세 달에 한 권꼴로 읽는다. 그런데 하루에 책 1권을 읽겠다는 건 엄청난 도전이다. 하지만 전안나 작가는 책을 2000권 읽으면 삶에 변화가 생긴다는 말을 믿고, 생각을 실천으로 옮겼다.

비록 1000권의 책을 읽기까지 1362일이 걸렸지만, 자신은 실패가 아니라 성공했다고 말했다. 그리고 책 읽기의 핵심 습관은 매일 책을 펼치는 습관의 힘이라고 했다. 그녀는 매일 한 권의 책을 완독하지 않더라도, 계획한 시간 내에 목표를 달성하지 못해도 좋다고 말한다. 매일 책 한 권을 읽는 것이 목표라면, 책을 꺼내서 첫 장을 넘기는 순간 이미 반은 성공한 것이라는 의미다.

공부 습관도 앞에서 말한 바와 다를 것이 없다. 책상에 앉는 행동, 책 종이 한 장을 넘기는 행동 하나하나가 공부의 시작이라 할 수 있다. 그리고 공부의 시작은 우리가 이룰 목표를 이미 절반이나 이룬 것과 다름없다.

언제나 시작이 있어야 끝이 있는 법. 시작한 순간부터 이미 우리는 목표를 이루기 위한 중간 과정에 들어와 있는 것이니 멈추지만 않는다면 목적지에 도달해 있을 것이다. 이런저런 핑계를 대며 자꾸 공부를 미루려는 생각을 하지 말고, 그 시간에 글자 하나라도 더 볼 생각을 하길 바란다. 그것이 곧 공부 습관의 시작이기 때문이다.

📍 루틴 포인트

공부가 하기 싫어서 공부를 시작하기 전에 오만가지 생각을 하게 된다. 그럴 때는 생각 스위치를 끄고, 행동 스위치를 켜자. 방법은 매우 간단하다. 책상 앞으로 가서 의자에 바로 앉는 것이다.

멀티태스킹은 루틴 형성에 독이 된다

　　루틴을 형성하기 위해서는 같은 행동을 반복해서 해야 한다. 처음에는 의식적인 행동일지라도 집중 훈련을 통해 무의식적인 행동을 이끌어내는 것이다. 의식적인 행동에 집중해야 루틴이 생긴다는 말이다. 하지만 현대인들은 어떤가? 이것저것 여러 개에 신경을 쓰며 멀티태스킹을 하고 있지 않은가? 때문에 하나에 집중하지 못하고 산만한 상태로 남아 있게 된다.

　　멀티태스킹을 하고 있을 때는 집중력이 발휘되기보다는 휘발된다. 멀티태스킹을 할 때 뇌의 메모리가 부족해서 과부하가 걸린다. 그러면 속도가 줄어들고 오히려 하려던 일을 못하게 된다. 그래서 하나에만 집중할 필요가 있다. 여러 일을 한꺼번에 처리하는 것보다는 한 번에 하나씩 처리하는 것이 좋다는 말이다.

　　《루틴의 힘》이라는 책에서도 '멀티태스킹의 거짓말에 속지 마라'라는 주제로 멀티태스킹의 위험성에 대해 말한다. 특히 현대사회에서는 컴퓨터로 일을 하니까 언제든지 인터넷을 이용할 수 있는 환경에 놓인다며 한 가지에 집중하기 어려울 것이라 예측한다. 아무리 불굴의 의지를 가진 사람이라도 인터넷 사용 유혹에 빠져 집중력이 저하될 수 있다고 한다.

사실 이런 모습은 우리가 스마트폰을 사용하는 경우 많이 볼 수 있다. 스마트폰이 가까이 있는 경우에 문자 메시지가 오면 하던 일을 멈추게 된다. 그리고 자신도 모르게 메시지 확인 후 습관처럼 이것저것 다른 것을 눌러가며 다른 길로 빠진 자신의 모습을 발견하게 된다.

한 통계에 따르면, 우리가 하루에 스마트폰 화면을 2만 번 터치한다고 한다. 그만큼 하루 중 스마트폰을 들여다보고 무언가를 하는 시간이 많다는 의미다. 문제는 자신이 하던 일을 멈추게 된다는 것이다.

다른 꼭지에서 환경의 중요성에 대해 말한 것처럼, 주변에 스마트폰이 있다면 그 유혹에서 벗어날 수 없을 것이다. 그래서 수험생 중에는 공부 집중력이 흐트러지는 불상사를 막기 위해 인터넷이 안 되는 휴대폰을 사용하거나, 일부러 휴대폰 배터리 충전을 하지 않고 정해진 시간만 사용하거나, 아예 휴대폰을 공부할 때는 멀리 치워두거나 하면서 위기에 빠지지 않으려고 노력한다.

또 다른 예시로는 교통사고 발생을 들어보겠다. 우리가 운전하면서 돌발 상황이 발생했을 때 운전에만 집중한 경우에는 바로 멈출 수 있을 것이다. 하지만 휴대폰을 잠깐잠깐 보면서 운전하거나 누군가 통화를 하면서 운전하는 경우에는 반응 속도가 현저히 떨어질 것이다. 새로운 일에 앞서 하던 일이 있었기 때문에 온전히 집중하지 못하기 때문이다.

통계 자료에 따르면, 교통사고 원인이 50%에 가깝게 운전 중 운전자가 핸드폰 사용, 전방 주시 태만 등 안전운전 의무 불이행 때문이라고 한다. 보행자의 교통사고 원인 중 3분의 1은 휴대폰을 보면서 보행했을 때 나타난다고 한다. 이미 습관처럼 생긴 운전행위와 걷는 행위임에도 불구하고 다른 행동을 할 때는 제대로 수행을 할 수 없게 된다는 말이다.

《원씽》이라는 책에서도 일상의 사소한 것부터 다양한 형태까지 멀티태스킹은 오히려 성취를 가로막는다고 말했다. 오직 한 가지 일에 몰두할 때 그 효과가 크다는 말이다. 하루에 한 가지에만 집중하면 해낼 수 있지만, 여러 개를 동시에 하려다 보면 집중력이 흐트러져 모두 놓치고 만다. 예를 들어, 물고기를 잡을 때 여러 개 낚싯대를 사용하여 물고기를 잡으려 하면 동시에 미끼를 물었을 때 이것도 저것도 제대로 집중해서 낚싯대를 당길 수 없다. 이는 두 마리 토끼를 쫓으면 두 마리 다 잡지 못하는 것과 같다.

우리가 하던 일을 멈추고 다른 일을 하려고 하면, 남은 일의 여파가 다른 일에 집중하는데 부정적인 영향을 줄 수 있다. 예를 들어, 앞서 하던 과제를 다 마치지 못하고 다른 과목으로 넘어갔을 때 문제가 생길 수 있다. 겉으로 보기엔 문제가 없어 보이지만, 앞의 과제가 계속 머릿속에 좀벌레처럼 남아 이후 과제를 수행하는데 부정적인 영향을 줄 수 있는 것이다. 실제 이를 뒷받침하는 많은 연구 결과가 있고, 심리학자들은 이런 현상을 '주의력 잔여물 효과'라 부른다.

공부 습관 형성이 잘 안 된 아이들을 보면 집중력이 매우 약하다는 걸 알 수 있다. 우선 책상에 오래 앉아 있지도 못할뿐더러, 무엇 하나에 오래 집중하지 못하고 이것저것 산만하게 공부하는 모습을 보인다. 아무래도 이런 학생들에게 '주의력 잔여물 효과'가 많이 나타날 수밖에 없을 것이다. 하지만 이들도 방법을 알면 학습 능력과 집중력을 높일 수 있다.

멀티태스킹이 좋지 않다는 사실은 이제 알게 되었을 테니 공부 습관 형성과 학습 능력을 올리는 방법에 대해서 간단히 알아볼까 한다.《마지막 몰입》이라는 책에서 소개하는 심리학자들이 말하는 학습 능력 4단계와 고수가 되는 마지막 단계를 살펴보면 우리가 어떻게 공부 습관을 들여야 할지 고민해볼 수 있다.

첫째, 자신이 무엇을 모르는지조차 모르는 '무의식적 무능' 단계

둘째, 자신이 무엇을 모르는지 의식하고 있는 '의식적 무능' 단계

셋째, 어떤 기술에 대해 알고 있고, 적극적으로 노력과 마음을 쏟으면 발휘할 수 있는 '의식적 능력' 단계

넷째, 어떤 기술을 구사하는 법을 알고 있을 뿐 아니라 기술이 마치 제2의 천성 같은 '무의식적 능력' 단계

마지막, '무의식적 능력' 단계를 넘어 최고 고수가 되는 '진정한 숙달' 단계

학습 능력 향상 단계를 살펴봤지만, 이는 사실 공부 습관을 들이는 방법과 유사하다. 처음에는 자신이 공부 습관이 있는지 조차 모르는 '무의식적 무능' 단계에서 시작한다. 조금씩 공부하는 시간이 늘어나면서 자신이 공부하고 있다는 사실을 깨닫는 '의식적 무능' 단계로 넘어간다. 공부 방법도 알고 조금씩 성적이 향상되면서 의식적으로 공부하게 되는 '의식적 능력' 단계로 나아가게 되면, 가파르게 향상된 성적을 바탕으로 자신도 모르게 공부하고 있는 모습을 보이는 '무의식적 능력' 단계에 도달한다. 끝으로, 최상의 성적을 받게 되면 '진정한 숙달' 단계에 도달한 진정한 공부 습관을 들인 공부 고수로 거듭날 수 있다.

끽다끽반喫茶喫飯이라는 말이 있다. 이는 '차를 마실 때는 차 마시는 데 집중하고, 밥을 먹을 때는 밥 먹는 데 집중하라'는 말이다. 공부 습관을 들일 때도 이 말이 도움이 된다. 공부 습관을 들

일 때 너무 욕심을 부려서 이것저것 하려고 하기보다는 하나라도 집중해서 자신의 것으로 만들려고 노력할 필요가 있다. 그렇게 한다면 분명 조금씩 집중력 있게 공부 습관을 들여가는 자신을 발견할 것이다.

루틴 포인트

동시에 여러 일을 처리하는 것이 더 일을 잘한다고 생각한다면 오산이다. 공부도 마찬가지다. 약한 집중력으로 8시간 공부하는 것보다 강한 집중력을 가지고 1시간 공부하는 것이 더욱 효율적이기 때문이다. 이제부터는 한 번에 하나에만 몰두하고 집중해보자.

함께 만드는 루틴이 더 효과가 있다

　　대학원을 졸업하고 취업 준비 중일 때 혹시나 해서 토익 시험을 보려고 했다. 사실 영어가 전공이고, 외국에서 대학원을 다녔으니 공부하지 않고 시험을 봐도 충분히 고득점이 나올 거라 생각했다. 모의고사 문제를 하나도 풀어보지 않고 시험을 봤는데, 생각했던 것만큼 원하는 만큼 점수가 나오지 않아서 충격을 받았다.

　　혼자서 공부하려고 했으나 재미없는 토익 시험공부를 하려니 엄두가 나지 않았다. 한두 번 모의고사 문제를 풀어보기는 했으나 도저히 매일 토익 공부만 계속해서 할 수가 없었다. 어떻게 하면 좋을지 고민이 되어 방법이 없을까 해서 정보를 찾았다. 우연히 토익 시험을 준비하는 스터디 모임이 있다는 사실을 알았고, 어떻게든 도움이 될 것 같아 일단 스터디에 들어갔다.

　　사실 그때는 취업준비생이라 아침 일찍 일어날 필요가 없었다. 그런데 스터디 모임이 매일 아침 9시부터 강남역 근처에서 시작이라 일찍 일어나야만 했다. 평소 늦게 자고 늦게 일어나던 습관에 익숙해져 있었지만, 상황이 바뀌니 일찍 자고 일찍 일어나는 루틴을 만들어야 했다.

수도권 서부 끝자락에 살던 시절이라 7시 이전에 일어나서 씻고 준비해야 1시간 넘게 버스 타고, 지하철 타고, 도보로 이동해서 9시 전에 간신히 도착할 수 있었다. 9시부터 30분 동안 돌아가며 만든 어휘 시험을 봤다. 그리고 2시간 동안 토익 시험 시간과 동일하게 듣기 파트부터 읽기 파트까지 실전처럼 모의고사 문제를 풀었다. 시험이 끝나고 나면 바로 채점하고, 서로 돌아가며 틀린 문제에 대해서 의견을 나누는 시간을 가졌다.

처음 일주일 동안은 올빼미형에서 아침형 인간이 되려니 너무 힘들었다. 하지만 결석하거나, 지각을 하면 벌금이 있었기에 철저하게 시간을 지키려고 노력했다. 또한 어휘 시험도 40개 문제 중에 5개 이상 틀리면 벌금을 내야 해서 하루도 빠짐없이 어휘 공부와 문제 분석을 하며 토익 공부를 했다.

그렇게 한 달 동안 스터디에 참여하면서 하루도 빠짐없이 똑같은 패턴으로 하루를 살았다. 그러다 어느새 나태하게 하루를 보내고 밤늦게까지 어영부영 시간을 보내던 올빼미형 인간에서 부지런한 아침형 인간으로 탈바꿈했다. 처음에는 한 달만 하고 그만둘 계획이었으나 이게 일찍 일어나는 습관이 생기고, 하루 종일 공부만 하는 루틴이 형성되니 세 달 동안 같은 삶을 살 수 있었다. 덕분에 원하던 토익 고득점 점수도 받을 수 있었다.

만일 토익 공부를 혼자서 하려고 했다면 어땠을까? 과연 세 달씩이나 꾸준하게 공부할 수 있었을까? 이런 새로운 변화가 없었다면 아마도 습관의 관성에 이끌려 계속 나태한 생활을 했을 것 같다. 이런 루틴을 통해 토익 점수를 얻은 것도 유효했지만, 대학원 졸업 후 잠시 나태해졌던 삶에서 다시 성실하게 살아가도록 만드는 전환점이 될 수 있었다.

개인적인 이야기였지만 루틴을 만들 때 다른 사람들과 함께 할 때 더 효과가 있는 이유를 살펴볼 수 있다. 혼자서 무언가를 할 때는 꼭 해야 할 의무가 아니기 때문에 책임감이 떨어진다. 반면에 다른 사람들과 같이 무언가를 진행할 때는 내가 하지 않으면 다른 사람에게 피해를 줄 수 있기 때문에 의무적으로 하게 되는 경향이 있다. 아침 9시라는 약속 시간을 지키기 위해서 힘들지만 어떻게든 일어나게 된다.

다른 사람들과 어떤 규칙을 만들어서 적절한 보상과 처벌을 통해 동기부여도 할 수 있다. 지각을 하거나 어휘 시험에서 많이 틀리면 벌금을 내야 하지만, 규칙을 잘 지킬 경우에 벌금으로 모인 돈으로 맛있는 걸 사 먹거나 할 때 적게 돈을 내면 되니까 동시에 보상효과도 있다. 이것 또한 혼자서 토익 공부를 하는 것보다 규칙이라는 굴레에서 행동하도록 하는 효과가 있는 것이다.

물론 개인차가 있을 수 있지만, 인간은 심리학자 매슬로우가 말하는 사회적 욕구가 있기에 다른 사람과 소통할 때 비로소 욕구를 충족시킬 수 있다. 다른 사람과 소통하고 사회적 약속을 이행하면서 삶을 영위하기 때문이다. 루틴은 곧 우리의 삶이니 누군가 함께 만드는 루틴이 곧 함께 만드는 삶이 될 수 있다는 말이다.

그런데 누군가와 함께 루틴을 만들 때도 유의해야 할 사항이 있다. 성실한 사람들과 함께 할 때는 도움이 될 수 있지만, 게으른 사람들과 함께 할 때는 오히려 독이 될 수 있기 때문이다. 한자성어 중에는 '근주자적근묵자흑近朱者赤近墨者黑'이라는 말이 있다. '붉은색을 가까이하는 사람은 붉게 물들고, 먹을 가까이하는 사람은 검게 물든다'는 의미이다. 뜻을 풀이해보면, 착하고 남을 잘 도와주는 사람을 사귀면 본인도 그런 사람이 되지만, 나쁜 생각을 하고 나쁜 일을 하는 사람과 사귀면 나쁘게 물든다는 뜻이다.

건강한 루틴을 만들고 무언가를 성취하려고 노력하는 사람들은 대부분 적극적으로 사람들과 소통하며 미래를 준비한다. 토익, 면접, 취업 준비 스터디를 비롯하여 미라클 모닝, 글쓰기 챌린지 등 다양한 모임에 참여하여 사람들은 건강한 루틴을 만들고자 노력한다. 혼자서는 나태해지고, 포기할 수도 있지만 누군가 함께 하는 사람이 있기에 계속해서 할 수 있는 힘을 얻을 수 있다.

유튜브 〈영어멘토링TV〉 '진로를 찾아서' 프로젝트를 통해 의대생을 인터뷰한 적이 있다. 공부의 양이 어마어마한 의대생들도 혼자서는 도저히 그 많은 분량의 공부를 소화해낼 수가 없어서 집단 지성을 발휘하여 서로 퀴즈를 내고 맞히면서 부족한 부분을 채운다고 했다. 출연한 멘토는 만일 혼자서 공부했다면, 공부량에 치여서 중간에 포기했을지도 모른다고 했다. 하지만 함께 해서 꾸준히 공부할 수 있었고, 무사히 대학을 졸업할 수 있었다고 했다.

작가로서의 삶을 살기 시작하면서 가장 필요한 루틴은 꾸준히 글을 쓰는 것이었다. 아무리 못해도 일주일에 한 권의 책을 읽고 1편 이상의 글을 써야 책이 완성되기 때문이다. 다행히도 함께 글을 쓰는 소모임을 운영하고 있다. 매주 내가 쓴 글을 다른 사람들에게 공유해야 하기 때문에 책임감을 가지고 계속 글을 쓰게 된다. 덕분에 혼공스쿨 선생님들과 함께 쓴 《초중고 영어공부 로드맵》 책도 짧은 기간에 원고를 마무리할 수 있었다. 건강한 루틴을 만들고 싶다면 꼭 누군가와 함께 해보기를 적극 권해본다. 공부 루틴이든 아니면 다른 루틴이든 분명히 좋은 효과를 볼 수 있을 것이다.

루틴 포인트

공부 의지가 약하다면 주변 친구들과 스터디를 조직하는 것도 하나의 방법이다. 서로 규칙을 정하여 적절한 처벌과 보상을 주면서 공부하면 지속적으로 공부하는 힘을 기를 수 있다. 특히 수험생이라면 서로 의지하고 격려하며 입시의 결승선까지 함께 뛸 수 있을 것이다.

언제 할 것인가?
아침형 인간 vs. 저녁형 인간

우리가 루틴을 형성하는 데 있어서 중요한 것은 일정한 '주기'를 잘 맞추는 것이다. 왜냐하면 인간은 24시간 하루 주기로 생리 변화가 일어나기 때문이다. 인간은 24시간짜리 생체 시계를 가지고 있어서 시간별로 다르게 생체 변화가 일어난다. 따라서 언제가 가장 공부하기가 좋은지, 언제 휴식을 취하는 게 좋은지 생체리듬에 따라 움직이면 더 효율적으로 루틴을 형성할 수 있다는 의미다.

18세기에 프랑스 천문학자 장 자크 도르투 드 메랑은 실험을 통해 식물이 생체시계를 가지고 있는지 확인했다. 식물 미모사의 잎은 낮에는 햇빛을 향해 열리지만, 어두운 밤에는 닫히는 개폐 현상에 대해 실험을 한 것이다. 일부러 빛이 없는 캄캄한 곳에 미모사를 계속 놓아두었는데, 미모사는 빛이 없어도 며칠간 여전히 하루 주기로 잎이 개폐 운동을 한다는 것을 확인했다. 이 현상은 식물 미모사가 빛이 없어도 24시간 주기의 생물학적인 리듬을 가진 자동화된 생물학적 시계를 지니고 있음을 증명한 것이다.

2017년 노벨 생리의학상 수상자로 선정된 제프리 홀, 마이클 로스배시, 마이클 영 교수는 초파리 실험을 통해 생체시계의 원리를 밝혀냈다. 이로 인해 동물에도 생체시계가 있다는 사실을 알 수 있었다.

인간의 경우에는 쉽게 이 현상을 살펴볼 수 있다. 다른 나라로 여행을 갈 경우에 시차가 달라서 이미 예전 24시간 주기에 적응되어 있던 우리 몸은 그대로 따르려는 경향을 보인다. 하지만 곧 그 나라의 낮과 밤의 주기에 맞게 우리 몸은 생리적인 변화가 일어난다. 결국 하루라는 시간 동안에도 생체시계는 어떤 최적화된 상태를 주기적으로 유지하려는 것으로 보면 된다.

시간생물학chronobiology에서 말하는 인체에서 일어나는 24시간 주기 생리 변화는 시간대별로 특징이 있다. 아침 6시경에는 코르티솔이 분비되는데, 이는 콩팥 부신피질에서 분비되는 호르몬으로 스트레스나 저혈당에 반응해 혈당을 높이고 지방, 단백질, 탄수화물 대사를 돕는 기능을 한다. 많은 전문가들이 아침 식사의 중요성을 강조하는 이유도 여기에 있다.

아침 식사는 세로토닌의 분비를 돕고 탄수화물 욕구를 조절하는 영양소를 섭취할 수 있게 한다. 이로 인해 신진대사를 원활하게 하고 배가 부른 상태라서 식욕이 줄어들면서 '군것질거리'를 멀리하여 건강에도 좋고 체중 감소에도 도움이 된다. 즉, 이 시간 때는 음식물 섭취를 통해 에너지를 증가시키려는 상태라 유추해볼 수 있다.

다음으로 오전 9시에 가까워질수록 혈압이 빠르게 증가하는데 이는 활동 시작을 준비하는 것과 같다. 아침 식사를 통해 영양분을 섭취하고, 서서히 몸을 움직이기 시작하면 뇌에 혈액이 전달되어 산소가 공급된다. 뇌 활동은 결국 이 산소가 충분할때 활발히 일어나기 때문이다. 그래서 전문가들은 수험생들이 아침 식사를 하는 것이 좋다고 계속 강조한다.

오전 9시 이후부터는 각성이 고조되는 시간이다. 다시 말해, 생체리듬이 시작되어 점점 컨디션이 올라간다는 의미다. 이런 생체리듬을 고려하여 경기도교육청에서는 9시 등교 제도를 도입한 것이다. 아침에 몽롱한 상태에서 하루를 시작하는 것보다 깨어 있는 시간부터 학습을 해야 교육적 효과가 있다고 생각하기 때문이다.

그리고 시간생물학에서 말하는 최적의 조화 상태는 오후 2시부터 3시 정도라 말한다. 빠르게 반응하는 시간은 오후 3시부터 5시 정도까지다. 최고로 체온이 올라가는 건 오후 6시 정도다. 즉 아침부터 생체리듬을 끌어올려서 최상의 상태를 만든 후

6시 정도에는 절정에 도달했다고 볼 수 있다. 이렇게 아침 6시부터 오후 6시까지는 보통 낮 주기로 본다.

반면에 밤 주기는 오후 6시부터 다시 다음날 오전 6시까지에 해당한다. 오후 6시가 지나면 혈압이 최고로 높아지고 밤 9시부터는 수면 및 혈압 조절 등 인체 생체리듬을 조절하며 불면증 치료 역할도 하는 멜라토닌이라는 호르몬이 분비된다. 그래서 서서히 졸리고 잠에 들게 되는 것이다. 인체 생리에 여러 가지 영향을 주는 생체시계는 새벽 3시 전후로는 숙면 상태가 되고, 새벽 4~5시경에는 체온이 최저가 되는 상태가 된다.

이렇게 하루 생체리듬의 주기가 있어서 아침부터 서서히 활동 에너지를 끌어올리고 낮에는 그 에너지가 절정이 된다. 그리고 하루가 지나고 저녁이 오면 점점 휴식기로 넘어가는 것이다. 이것이 인체에서 일어나는 24시간 생체주기이기 때문에 우리는 이 생체리듬에 맞게 하루를 계획할 필요가 있다. 시간대에 맞는 행동을 루틴으로 만들면서 효율성 있게 하루를 보낼 수 있기 때문이다.

물론 상황에 따라 이 리듬과 달리 하루를 보내는 경우도 있을 수 있다. 3교대 근무를 하는 경우에는 주간, 야간, 심야 등으로 매번 근무시간이 다를 수 있기 때문이다. 그리고 시험을 준비하는 수험생들의 경우에도 밤늦은 시간까지 깬 상태로 공부를 해야 하는 경우도 있기에 최적화된 상태에서 하루를 보내지 못할 수도 있다. 최적화 상태를 말하는 것이지 밤 주기가 되었다고 활동을 못하는 건 아니다.

공부의 신이라 비유할 수 있는 수능 만점자들의 공부 루틴을 살펴보면 위에서 말한 인체 생체시계를 잘 활용한 경우를 확인할 수 있다. 2021학년도 수능 시험에서 만점을 받은 김지훈 군은 고3이 되고 나서도 매일 꾸준하게 운동을 했고, 취미생활까지 하며 시간을 효율적으로 활용했다고 한다. 그리고 생체시계의 수면 시간에 해당하는 매일 밤 11시에 취침하고 오전 7시에 기상하는 8시간 수면 습관을 쭉 유지했다고 한다.

또 다른 2021학년도 수능 만점자인 신지우 군은 고교 3년 내내 일찍 등교해 편하게 읽은 책이 도움이 됐다고 한 인터뷰에서 말했다. 본격적으로 수업 시간에 공부하기 전에 뇌를 활성화시키는 몸 풀기 차원의 루틴으로 보인다. 아직 생체리듬이 활성화되지 않은 시간이기에 조금은 정적이고 편안한 자세로 정보를 받아들이는 시간을 보낸 것이다.

수능 만점자 30명을 대상으로 인터뷰를 한 후 쓴 김도윤 작가의《1등은 당신처럼 공부하지 않았다》라는 책에서도 꾸준한 공부 루틴 비결을 소개한다. 개인마다 차이가 있지만, 집중이 잘 되는 시간대와 아닌 시간대를 구분하여 과목을 달리 공부하는 모습을 묘사한다. 또한 하루 동안 순수하게 공부에 투자하는 시간을 하나의 루틴으로 만들어서 꾸준하게 공부를 이어갔다는 내용을 담고 있다.

어떤 이는 아침에 더 집중이 잘 된다고 말한다. 또 다른 이는 밤에 더 집중이 잘 된다고 말한다. 개인마다 생체리듬이 활성화되고 최적화되는 시간대가 다를 수 있기에 가장 중요한 것은 자신에게 맞는 시간대를 이용하여 루틴을 만드는 것이 중요하다. 단, 기본적으로 인체의 생체리듬은 낮과 밤으로 나뉘기에, 앞에서 말한 시간대별 생체리듬을 참고하여 루틴을 하나씩 만들어 가보길 바란다.

📍 루틴 포인트

사람마다 공부가 잘되는 시간대가 있을 것이다. 자신에게 맞는 공부 시간에 대한 해답은 스스로 찾기를 바란다. 그런데 잊지 말아야 할 점은 인간은 24시간 생체리듬이 있다는 점과 시험은 보통 이른 아침부터 시작된다는 점이다.

4장 ─────────────

무엇(what)을
루틴화할 수 있는가?
사소한 것까지 루틴 만들기

─────────────

루틴은 눈뜨면서부터 시작된다

매일 아침 기상하는 시간은 사람마다 다르다. 하루를 시작하는 시간이 다르기 때문에 그렇다. 하지만 공통점이 있다. 평소보다 일찍 일어나서 하루를 여유 있게 시작하면, 서두를 필요가 없으니 기분 좋은 하루를 시작할 수 있다는 점이다. 반면 늦잠을 자서 아침부터 서두르게 되면, 시간을 맞추느라 힘들고 바쁜 하루를 보내며 기분도 상하고 금방 지친다는 점이 같을 수 있다. 당연한 말로 들릴 수 있지만, 하루의 시작이 얼마나 중요한지 말하고자 하는 것이다.

'시작은 반'이라는 말처럼, 아침에 어떻게 시작하느냐에 따라 하루가 달라질 수 있다. 나비의 작은 날갯짓이 태풍을 일으킬 수 있는 것처럼, 눈뜨면서 시작하는 작은 행동 하나가 하루 전체에 영향을 줄 수 있다. 또한 하루를 어떤 기분으로 시작하느냐에 따라서도 일과에 큰 영향을 줄 수 있기에 하루의 루틴을 어떻게 시작할 것인지에 대한 고민이 필요하다.

나의 경우에는 다른 학교보다 출근 시간이 빨라서 항상 아침 6시에 일어나서 준비하고 6시 30분쯤 집에서 나간다. 그러면 학교에는 7시 10분쯤 도착한다. 거의 매일 아침 7시 30분에 회의가 있고, 아침 8시에 1교시 수업이 시작된다.

항상 느끼는 것이지만, 시간에 맞춰서 출근하면 여유롭게 하루를 시작할 수 있다. 행여나 5분이라도 늦게 일어나면 차가 막혀서 5분이 아니라 10분 늦게 도착해서 분주하게 하루를 시작하게 된다. 5분 차이인데 조금만 늦어도 출근하는 차가 많아져서 막히기 때문에 큰 차이가 생긴다. 그래서 웬만하면 늦지 않으려고 노력한다.

요새는 코로나로 대면으로 회의를 할 수가 없어서 회의가 줄어든 편이다. 그래도 아침에 조금만 늦게 나오면 차가 막히기 때문에 나는 10년 가까이 항상 같은 시간에 집에서 나오고 있다. 덕분에 언제나 거의 같은 시간에 학교에 도착하는데, 요새는 회의도 없기에 하루를 더욱 여유롭게 시작할 수 있다.

놀라운 점은 아침에 20분 정도 여유가 생긴 것뿐인데 하루 업무 능률은 몇 배로 올라갔다. 하루 일정을 충분히 고민하고, 우선순위를 정해놓고 시작할 수 있어서 시간을 군더더기 없이 활용할 수 있게 되었다. 물론 동아리 총괄 업무를 하고 있고, 16명이나 되는 영어 교과를 대표하는 교과부장이라서 학생들이나 교사들과 갑작스럽게 대화하거나 상의해야 해서 계획에 없는 일을 하게 되기도 한다. 그래도 아침부터 만만의 준비를 할 수 있었기에 좀 더 마음의 여유를 가지고 하루를 보낼 수 있다.

이런 이유에서인지 몰라도 성공한 CEO들의 루틴을 살펴보면, 다른 사람들보다 일찍 하루를 시작하는 모습을 발견한다. 미국의 비즈니스맨과 워킹맘에게 가장 있기 있는 저술가이자 언론인 로라 밴더캄은 '기업 임원들 가운데 90%는 평일 아침 6시 이전에 일어난다'고 했다. 《부자 습관(Rich Habits)》 저자인 토마스 콜리는 '억만장자의 50%는 업무를 시작하기 이미 세 시간 전부터 일어나서 활동하기 시작한다'고 말했다.

성공한 사람들은 공통된 루틴이 있는데, 그것은 바로 일찍 일어나는 습관이다. 한 연구에 따르면, 출근 3시간 전에 기상하는 비율도 보통 사람들과 비교했을 때 성공한 사람들의 비율이 3.5배 높다고 한다. 또한 성공한 사람들은 양질의 잠을 푹 잔 후 일찍 일어나 자신만의 시간을 갖는다. 일반적인 사람들이 이불 속에서 꿈나라에 있는 동안 성공한 사람들은 이미 하루를 시작하고 있다.

무일푼에서 시작해 4000억 원의 기업체를 일군 인생역전 드라마를 풀어놓은 《김밥 파는 CEO》를 쓴 김승호 작가는 《생각의 비밀》이라는 책에서도 성공 비결을 공유했다. 그중에 그의 출근 시간이 눈길을 끌었다. 오전 5시 30분에 출근하고 오전

10시 30분에 퇴근해서 아내가 싫어한다는 농담을 던졌지만, 여기에 성공 비밀이 있다는 생각이 들었다.

보통 사람들은 오전 9시 정도에 출근해서 간신히 정신 차리고 오전 10시 30분이 되어서야 업무를 제대로 시작한다. 반면에 김승호 회장은 CEO로서 다른 사람들이 출근하기 전에 중요한 이메일을 확인한 후 혼자서 업무에 관해 고민하는 시간을 갖는다는 점이 큰 차이라 생각한다. 그리고 오전 9시 이후에 사람들과 회의를 통해 업무를 지시하면 직원에 의해서 회사의 일은 저절로 돌아갈 수 있기 때문이다.

성공한 사람들과 아닌 사람들의 아침 루틴 차이를 비교하면서 공부 잘하는 학생과 못하는 학생의 아침 루틴을 비교해봤다. 대부분 공부 루틴이 잘 잡힌 학생들은 눈을 뜨는 동시에 자신이 정해놓은 루틴대로 움직인다. 대체로 시간을 잘 지키는 편이라 등교 시간보다 일찍 일어나는 경향을 보인다. 그래야 학교에 늦지 않고, 시간에 맞춰서 도착할 수 있기 때문이다.

대부분의 공부 루틴이 잡힌 학생들은 아침마다 하는 행동이 있다. 다름 아닌 하루 일정을 다시 확인하면서 어떻게 하루를 보낼지 시뮬레이션을 돌려보는 것이다. 이는 산을 오를 때 내가 갈 길을 잘 알고 가는 것과 같다. 어디로 가야 할지도 모르고 생각 없이 그냥 전진만 하는 경우와는 큰 차이가 있다. 결과는 어떨까? 굳이 보지 않아도 뻔한 결과로 이어질 것이다.

잠깐 5분 정도 일정을 확인하는 행동이 별 것 아닌 것 같지만, 나비효과에 따른 결과는 어마어마하다. 그리고 시간이 더 여유 있다면, 자신이 가진 고민을 해결하는 시간으로 쓰는 것도 좋다. 일정을 계획할 때도 분명히 여러 장애물이 있어서 고민이 생길 수밖에 없기에 충분히 시간을 가지고 계획을 세워야 한다. 아까 말한 5분은 일정을 다시 확인하는 것이고, 실제 계획을 세우는 건 그 이상의 시간이 걸릴 수 있다.

그래서 공부 루틴을 올바르게 형성한 학생들은 하루의 시작부터 꼬이지 않게 하려고 크게 노력한다. 첫 단추를 잘못 채우면 나머지 단추도 엇갈려서 다시 단추를 풀고 처음부터 제대로 채워야 하는 것과 같기 때문이다. 아침부터 일찍 일어나서 정신을 바짝 차리고 첫 단추가 잘 채워지는지 확인하는 사람과 비몽사몽 상태로 단추가 어디에 채워지는지 제대로 확인 못 하는 사람의 하루는 분명 다를 것이다.

사람마다 하루를 시작하는 시간은 다를 수 있다. 그래도 하루를 여유 있게 시작할 것인가 분주하게 시작할 것인가는 스스로 정할 수 있다. 그동안 혹시 아침마다 정신없이 시작했다면 이제는 조금만 기상 시간을 당겨 보길 바란다. 10대 때의 1년이란 시간이 20~30대 시기에 많은 영향을 줄 수 있다는 말이 있는 것처럼, 아침에 10분 일찍이 하루 전체에 큰 영향을 줄 수 있다는 사실을 잊지 않기를 바란다. 이 사실을 잊지 않는다면, 눈뜨면서 시작되는 하루의 루틴을 어떻게 만들어야 할지 충분히 생각해 볼 수 있을 것이다.

세계 최고 부자인 워런 버핏은 이렇게 말했다. "부자는 시간에 투자하고 가난한 사람은 돈에 투자한다." 자본주의 사회에서 그렇게 중요한 '돈'보다 더 중요한 것은 '시간'이라는 말이다. 그러니 아침 시간에 투자하면 하루를 성공적으로 보낼 수 있다는 믿음을 가져보길 바란다. 왜 그런 말도 있지 않은가? "성공한 사람에게는 '확신'이 있고, 실패한 사람에게는 '의심'이 있다." 그러니 아침 시간에 조금 더 일찍 일어나고, 여유 있는 하루를 보내기 위한 루틴을 만들면서, 하루를 알차게 보낼 수 있을 것이라 믿기 바란다.

📍 **루틴 포인트**

'아침에 일어나는 새가 먹이를 잡는다'는 속담이 있는 것처럼 이제는 아침 일찍 일어나서 하루를 시작해보길 바란다. 그리고 아침에 세운 하루 공부 일정을 하나씩 실천한다면 분명 만족스러운 하루를 보낼 수 있을 것이다.

젓가락질 잘해야만 밥을 먹나요?

　우리나라 사람들은 젓가락을 사용하기 때문에 요새는 어릴 때부터 젓가락 사용하는 방법을 가르친다. 하지만 여전히 젓가락질을 못 하는 사람이 여럿 있다. 그렇다고 밥을 못 먹는 건 아니다. 젓가락질이 완벽하지 않아도 밥은 얼마든지 먹을 수 있기 때문이다. 유명한 가수의 노래 가사 중에도 있지 않은가? "젓가락질 잘해야만 밥을 먹나요?" 그래도 젓가락질이 서툴면 불편하다. 반찬이 자꾸 흘러내리거나 해서 밥 먹는 시간이 길어질 수 있다. 이런 이유로 때로는 기분이 상한다. 젓가락질이 별거 아닌 것 같지만, 밥 먹을 때 많은 영향을 줄 수 있다.

　그러나 밥 먹는 행위를 크게 놓고 보면, 젓가락질을 못 하는 건 아무 일도 아니다. 밥을 굶는 것보다는 대단한 일이 아니기 때문이다. 우리는 보통 하루 삼시 세 끼를 먹는다. 물론 누군가는 한 끼 정도는 먹지 않을 수 있지만, 살기 위해서는 꼭 식사를 챙겨서 먹어야 한다. 그런데 많은 학생이 아침을 거른다. 이에 따른 부정적인 영향이 많다. 안타까운 현실이다. 그 이유를 알아보자.

아침 식사는 영어로 'breakfast'다. 여기서 'fast'는 굶는 걸 말하고, 앞에 'break'을 붙여서 지난 저녁 식사 이후의 공복 상태를 깬다는 의미가 된다. 그런데 만일 아침 식사를 하지 않으면, 공복 상태가 지속하여 신체 리듬에 부정적인 영향을 줄 수 있다. 무엇보다 공부해야 하는 학생의 경우에 더욱 큰 타격을 입는다.

예를 들면, 아침 식사를 거르게 되면 에너지가 공급되지 않아 뇌 활동의 활성화가 약화되고, 집중력이 떨어진다. 게다가 점심 때까지 공복 상태로 있게 되면 기초대사율이 감소하여 에너지 소비량이 줄어 오히려 체중 증가로 이어진다. 점심에 배고프니까 과식이나 폭식을 하면서 당뇨나 비만과 같은 질병으로도 이어질 수 있다. 이런 신체의 부정적인 변화는 감정에도 영향을 주어 우울감이나 짜증감을 유발할 수도 있다.

이렇듯 여러 이유로 아침 식사가 주는 영향은 크다. 그래서 교육계에서도 큰 변화의 움직임이 있었다. 경기도 교육청에서는 2014년 하반기부터 '9시 등교제'를 시행했다. 이 제도의 취지는 학생들의 건강을 챙기고, 밥상머리 교육 효과까지 두 마리 토끼를 잡기 위해서였다.

처음에는 어려움 및 문제점이 있었지만, 그 당시에 긍정적인 조사 결과가 많이 나왔다. 경기도교육연구원에서 실시한 '9시 등교 효과 분석'이 이를 증명한다. 첫째, 아침밥을 먹음으로써 속쓰림 완화 등 신체 건강에 도움이 되었다. 둘째, 짜증감 및 우울감 감소 등 정신건강이 좋아졌다. 셋째, 가족간 대화시간도 늘어났다.

나아가 학생들에 대한 설문 조사와 교사들의 반응도 대체로 긍정적이었다. 학생들은 등교 시간에 쫓겨 못 먹던 아침밥을 먹으니 수업 시 집중이 잘 된다고 했다. 교사들은 학생들이 아침잠을 충분히 자고 와서 수업 시간에 조는 아이들이 줄었다고 했다. 이렇듯 학생들의 수면권과 건강권을 보장하기 위한 본래의 취지에 맞는 결과가 나왔다.

하지만 최근까지 통계자료를 보면, 다시 안타까움이 든다. 2019 청소년 건강행태 조사에 따르면, 2014년 9시 등교제 이후로도 청소년 아침 결식률은 계속 증가한 것으로 보인다. 2014년 28.5%, 2015년 27.9%, 2016년 28.2%, 2017년 31.5%, 2018년 33.6%, 2019년 35.7%로 현재 대략 청소년 1/3 인원이 아침을 먹지 않는다는 걸 의미한다. 즉 이 많은 학생이 아침 식사의 효능을 볼 수 없다는 말이다. 그래서 더욱 안타깝고, 아침 식사를 꼭 해야 한다고 목놓아 외치고 싶다. 다른 연구 결과를 통해 그 이유를 알아보자.

농촌진흥청에서 2002년 대학생 3612명을 대상으로 아침 식사와 수능 성적의 관계를 조사한 적이 있다. 아침 식사를 한 학생이 아침을 거른 학생보다 평균 5% 정도 높았고, 점수로 환산 시 20점 정도 높았다고 했다. 많은 전문가는 아침 식사를 하면 집중력과 두뇌 기능이 좋아져 학습능력이 향상될 수 있다고 주장한다. 우리가 먹는 하루 에너지 섭취량 중 약 10%가 뇌 활동에 쓰이는데, 이 에너지는 우리가 먹은 밥에서 나오는 포도당(혈당)으로 공급되기 때문이다.

미국의 여러 연구에서도 아침 급식 프로그램에 참여했던 저소득층 아동들로부터 학업 성적 향상 결과를 찾은 적이 있다. 연구 결과에 따르면 적절한 양의 당 섭취는 뇌 유래 신경영양인자로 알려진 뇌 화학물질의 생성과 관련된 작용을 하는 것은 물론 새로운 기억을 형성하는 데 도움을 준다고 했다. 스웨덴 보건연구소에서도 10세 아동을 대상으로 연구한 결과, 아침 식사를 한 집단이 결식한 집단보다 창의적 사고능력, 단어 기억력, 읽기 능력, 나눗셈 등에서 우수했다는 사실을 알아냈다.

아침 식사의 효능은 신체적인 결과에만 영향을 주지 않는다. 정신적, 감정적인 부분에도 많은 영향을 준다. 즉 아침 식사가 학생들의 정서적 안정감에 도움을 주는 등 정신건강과도 연결돼 있다는 점이다. 실제로 한 연구에서는 아침밥이 정서적 안정과 ADHD(주의력 결핍 과잉 행동장애) 발생 위험을 낮출 수 있다는 사실을 보여주었다.

상명대학교 외식영양학과 황지윤 교수팀이 2013년 〈아침밥 클럽〉에 가입한 서울 지역 고등학생 315명을 추적 관찰했다. 연구 결과에 따르면 아침밥 클럽에 가입한 이후 ADHD 점수가 가입 전 평균 27.2점에서 가입 후 19.8점으로 감소했다는 사실을 알수 있었다. 참고로 ADHD 상태를 그대로 두면 집중력 장애, 충동성, 감정 기복, 과잉행동 등이 심해져 학습능력이 떨어질 수있다. 뿐만 아니라 심각한 사회적응장애를 유발할 수 있다고 알려져 있다.

이 연구 결과를 통해 아침 식사가 신체적 건강에 이어 단순한 영양공급의 차원을 넘어 정서적인 안정감과 행복감을 느끼게 한다는 점을 알 수 있다. 그러니 우리 인생에서 무엇을 루틴으로 만들지 고민한다면, '아침 식사'의 중요성에 대해 알고 이를 실천해야 할 것이다.

사람마다 기초대사율이나 에너지 소비량은 다를 수 있지만, 아침 식사를 해서 여러모로 도움이 된다는 사실을 이미 알게 되지 않았는가. 그리고 아침 식사를 했다고 건강을 잃는 경우를 들어본 적이 있는가? 오히려 반대다. 아침을 전혀 먹지 않던 사람이 군대에 가서 식사를 거르지 않고 삼시 세 끼를 잘 챙겨 먹었더니 오히려 건강해졌다는 이야기를 많이 들었다.

아침 식사를 하나의 루틴으로 가져가느냐 마느냐의 문제는 개인마다 의견이 다를 수 있다고 생각한다. 하지만 하루를 시작할 때 아침 일찍부터 시작하라는 의견과 같이 아침 식사도 루틴에 넣었으면 한다. 실제 아침 식사를 잘한 사람과 아침 식사를 잘 안 한 사람의 수명을 살펴봤더니 아침 식사를 잘한 사람이 30~40% 10년 이상 더 살았다는 통계가 있다.

마지막으로 아침 식사의 중요성을 강조하기 위해 아침 식사를 걸렀을 때 발생할 수 있는 부정적인 결과를 다양한 자료를 통해 요약해보았다. 요약한 내용을 꼼꼼하게 읽고 꼭 아침 식사를 해야겠다는 다짐을 해보길 바란다.

첫째, 미국의 논문에 따르면 식사를 거르면 젖산이 분비되고 비만이 될 확률이 4.5배나 높다.

둘째, 공복 시간이 길어지면 위산이 나와 위염이나 위궤양이 될 수 있다.

셋째, 체내 지방이 분해되면서 포도당이 생성되는데 이때 쉽게 피로감을 느껴서 면역력이 떨어진다.

넷째, 뇌의 필수 영양소인 탄수화물이 부족하면 암기력(단기 기억력), 뇌 활성화 등에 부정적인 영향을 끼친다.

다섯째, 영양 불균형과 신진대사 변화 등으로 문제가 생겨 콜레스테롤 수치가 올라가고 심혈관 질환이 생길 확률이 높아진다.

여섯째, 행복 호르몬이라 불리는 세로토닌, 도파민 같은 신경전달물질의 균형이 깨져서 행복지수가 낮아진다.

루틴 포인트

뇌를 활성화시키고 활기찬 하루를 시작하기 위해서는 아침을 먹는 습관을 기를 필요가 있다. 물론 개인마다 아침밥을 먹는 것에 대한 의견 차이는 있을 수 있겠지만, 그래도 여러 장점이 있으니 되도록 아침밥을 챙겨 먹도록 해보자.

자기 암시를 통한 루틴 유지하기

루틴이란 반복하는 행동을 말하지만, 반복적으로 생각하는 것도 하나의 루틴이 될 수 있다. 그리고 공부를 꾸준하게 실천하기 위한 루틴을 만들 수 있도록 돕는 게 이 책의 목표이기에 정신적인 측면에서 루틴 형성도 중요하다고 말하고 싶다. 특히 그중에서도 긍정적인 자기 암시를 하는 것이 얼마나 공부 루틴을 유지하는 데 도움이 되는지 알리고자 한다.

자기 암시는 프랑스의 약사이자 심리치료사인 '에밀 쿠에'가 만든 방법이다. 에밀 쿠에는 의학적으로 증명된 '플라시보 효과'를 착안하여 자기 암시를 만들었다. 자기 암시는 아주 간단하면서도 효과적으로 생각을 통제하는 방법이다. 실제 수많은 사람이 자기 암시를 실천하고 긍정적인 효과를 경험하고 있기에 강조하는 것이다.

인간이 하는 고민 중에 80%는 쓸데없는 걱정이라고 한다. 게

다가 인간은 하루에 오만가지 생각을 한다는 말도 있다. 나눠서 보면 1시간에 2천 가지 생각을 한다는 말이다. 그리고 실제 오만가지 생각 중 대다수는 부정적인 생각이라는 말이 있다. 이 모든 게 전해져 내려오는 이야기지만, 그래도 실제 삶을 되돌아보면 틀린 말은 아닌 것 같다.

우리에게 안 좋은 일이 생겼을 때 긍정의 마음보다는 부정적인 마음이 들기 때문이다. 그래서 우리는 정신이 흔들릴 때, '멘탈이 무너진다'고 표현한다. 실제 공부하는 수험생의 경우 자신이 노력한 만큼 성적이 나오지 않아서 멘탈이 무너지게 되고 공부를 지속할 수 없는 것이다. 아무리 공부를 잘하던 학생들도 중간에 슬럼프가 오는 경우를 많이 봐왔기에 충분히 알 수 있다.

누구나 공부 슬럼프가 올 수 있지만, 긍정적인 자기 암시를 하는 루틴이 있는 수험생은 금방 회복한다. 자기 암시를 통해서 루틴을 계속 유지한다는 말이다. 그렇다면 긍정적인 자기 암시는 어떤 방법으로 해야 할까? 그 방법은 스포츠 심리학 대가인 김병준 교수의 'ASDR' 전략을 통해 살펴보도록 하자.

참고로 이 전략은 안 좋은 일이 생겼을 때 자연스럽게 나오는 부정적인 자기 암시를 긍정적인 자기 암시로 바꾸는 것이다. 이 전략을 수험생이 시험을 망친 후 슬럼프에 빠졌을 때 극복하는 상황으로 예를 들어서 설명해보겠다. 지금부터 단계별로 상황을 잘 살펴보자.

첫 번째 A(자각 단계: Aware)는 부정적인 자기 암시를 깨닫는 것이다. 부정적인 생각은 블랙홀 같아서 한번 시작되면 꼬리에 꼬리를 물고 끝없이 이어진다. 따라서 이를 재빨리 알아차리는 게 중요하다. 예를 들어, '내가 지금 공부를 제대로 잘하고 있는 걸까?', '다음에도 성적이 안 나오면 어떻게 하지?' 등의 생각이 들면 자신이 지금 부정적으로 생각하고 있다고 느껴야 한다는 말이다.

두 번째 S(멈춤 단계: Stop)는 깨달은 부정적인 생각을 멈추는 것이다. 부정적인 생각을 초기에 멈추려면, 최대한 빨리 긍정적인 방향으로 바꿔야 한다. 화재를 막기 위한 골든타임이 있는 것과 같다. 예를 들면, 스스로 부정적인 생각을 멈추기 위해 노력하는 것이다. '그동안 잘해왔는데 내가 지금 무슨 생각을 하는 걸까?', '쓸데없는 걱정을 하고 있으니 멈춰야지' 등으로 생각해보는 것이다.

세 번째 D(반박 단계: Dispute)는 부정적인 자기 암시를 합리적으로 반박하는 것이다. 이것은 부정적인 자기 암시의 허점을 파고들어 논리적으로 반박하는 것이다. 이 단계에서 김병준 교수는 '카운터 펀치'를 날려야 한다고 말하기도 했다. 예를 들어, '이번 시험 문제가 어려웠던 건 내가 통제할 수 있는 건 아니었다. 너무 신경 쓰지 말자', '그리고 다른 학생들은 성적이 더 많이 떨어졌으니 걱정할 필요가 없다' 등의 합리적인 근거를 들어 반박하는 것이다.

네 번째 R(대체 단계: Replace)은 부정적인 자기 암시를 긍정적 자기 암시로 대체하는 단계다. 불합리하고 부정적인 자기 암시에 대해 반박이 끝났으니 자신에게 도움이 되는 의미 있는 내용을 찾는 것이다. 예를 들어 '지금처럼 공부 루틴을 유지하면, 다음에는 더 성적이 잘 나올 것이다', '끝까지 포기하지 않는 게 성공하는 것이다' 등의 긍정적인 자기 암시로 바꾸는 것이다.

얼핏 보면 별 거 아닌 전략처럼 보일 수 있지만, 대부분은 1단계에서 다음 단계로 넘어가지 못하고 부정적 자기 암시 블랙홀에 빠져버린다. 그러면 슬럼프에서 빠져나오지 못하고 결국 공부를 포기하는 데까지 이를 수도 있다. 고3 수험생 중에 수능 당일 아침까지 꾸준하게 공부하는 학생은 생각보다 한 학급에 많지 않다. 대부분 여름방학에 슬럼프를 겪고 무너지면 수능 날까지 영향을 받는 경우가 많다. 그리고 심지어 수능 당일에도 감정을 다스리는 긍정적 자기 암시 루틴이 없으면 큰 영향을 받기도 한다. 그래서 평소 감정을 통제하는 루틴을 만들라는 것이다.

2016 리우 올림픽에서 펜싱 종목의 박상영 선수가 극적인 역전승으로 금메달을 획득하는 장면이 떠오른다. 실제 방송 화면으로 봐도 그는 반복해서 혼잣말로 "할 수 있다!"를 외치고 있는 게 보였다. 이런 긍정적인 자기 암시 덕분에 그는 금메달을 목에 걸었다. 많은 수험생이 수능 1교시 국어가 어려우면 멘탈이 크게 흔들린다. 여기서 평소 얼마나 긍정적 자기 암시 훈련이 되었느냐 아니냐에 따라 결과가 달라질 수 있다.

수능 모의고사 성적이 특목고에서 최상위권이었던 학생이 있었다. 평소 마인드 컨트롤 훈련을 많이 했지만, 수능 시험 당일에 국어 시험을 망치면서 결국 무너지고 말았다. 이렇게 평소 관리가 잘 되던 학생도 하루 만에 인생을 결정하는 시험을 치르면서 부담감에 무너질 수 있다. 하지만 다음 해에는 평소에 긍정적 자기 암시 훈련을 더욱 열심히 했다. 덕분에 아무리 위기가 있어도 두 번째 시험에서는 아무 일 없이 무난하게 넘길 수 있었다.

이처럼 긍정적인 자기 암시는 수험생들에게 자신감을 심어주고 마지막까지 포기하지 않게 만든다. 공부에서 성공한 우등생들은 자신만의 확고한 긍정적 자기 암시 방법을 안다. 무조건 앉아서 공부만 한다고 되는 게 아니다. 이렇게 자신의 감정을 통제하는 루틴이 있어야 꾸준하게 실천할 수 있고 결과도 좋은 것이다. 거듭 강조하지만, 이 책은 여러분이 공부를 꾸준하게 할 힘을 길러주기 위한 책이다. 끝으로 탈무드에 나오는 말을 공유해본다.

> "세상에서 가장 현명한 사람은 모든 사람으로부터 배울 수 있는 사람이고, 남을 칭찬하는 사람이고, 감정을 조절할 수 있는 사람이다."
>
> _탈무드

📍 루틴 포인트

공부를 지속할 수 있는 힘은 적절한 감정 조절에서 나온다. 부정적인 감정보다는 긍정적인 감정을 유지하는 것이 도움이 된다는 사실을 잊지 말고, 매일 긍정적인 생각을 할 수 있도록 노력해보자. 'impossible'이 아니라 'I'm possible'로 바꾸는 마법을 부려보자.

운동과 공부는 공통점이 있다

매년 새해 계획을 조사하면 1위가 바로 운동이다. 그래서 연초에 많은 사람이 헬스장에 등록한다. 하지만 초반에만 다들 몰려들 뿐, 연말에 가보면 실제 운동하는 사람을 찾기가 쉽지 않다.

공부도 마찬가지다. 고3 수험생이 되면 다들 3월까지는 전투적으로 공부에 몰입한다. 심지어 어떤 학생은 하루에 2시간만 자면서 부족한 공부를 채우려고 고군분투한다. 하지만 수능 당일까지 열심히 공부하는 학생은 그리 많지 않다.

왜 우리는 운동도 그렇고, 공부도 처음에는 열정 가득하지만 결국 중간에 그만두는 것일까? 그 이유는 너무 단기적인 목표에 집중하기 때문이다. 운동과 공부는 모두 인생에 걸쳐서 평생해야 하는 숙제다. 하지만 사람들은 너무 초단기에 성과를 얻으려고 하니 아무리 처음에 열심히 시작했더라도 힘들고 지치니까 중간에 그만두는 것이다.

운동과 공부는 매일 밥 먹는 루틴처럼 항상 해야 하는 일이라고 생각했으면 좋겠다. 식사를 하루에 세 번 하는 것처럼 일주일에 운동을 혹은 공부를 얼마나 할 것인지 횟수를 정하는 방법도 좋다. 또는 하루 단위, 주 단위 어떤 것이든지 정확한 숫자로 정해서 하는 게 좋다. 예를 들어, '철봉 하루에 10개씩 3세트', '일주일에 3회 이상 운동하기', '걷기 운동은 30분 이상 하기' 등 횟수나 시간 비율을 정해서 하는 것이다.

앞에서 루틴의 형성 원리와 기간에 대해서 말한 것처럼, 루틴을 만들기까지 어느 정도 시간이 필요하다. 하지만 한 번 제대로 루틴을 형성하면 지속할 힘이 생긴다. 그러니 일찍 일어나기, 아침 식사하기, 자기 암시하기, 운동하기 등 매일 항상 해야하는 루틴을 만들라는 말이다.

참고로 이런 루틴들은 공부 루틴을 유지하기 위해서 꼭 필요하다. 어떻게 보면 운동 루틴이 이 중에 가장 중요한 요소일 수도 있다. 건강하지 않거나 체력이 부족하면 결국 공부를 지속할 힘을 잃기 때문이다.

그렇다고 거창한 운동을 하라는 말이 아니다. 내가 목표로 한 기간까지 건강이 무너지지 않게 유지할 정도로 운동을 해보란 말이다. 운동을 너무 지나치게 해도 몸이 상할 수 있기 때문이다. 안타깝지만 국가대표 마라톤 선수인 이봉주 선수의 일화가 생각난다. 42.195km라는 장거리를 달리기 위해 수십 년간 매일 힘든 강도로 운동을 했더니 오히려 건강이 무너져서 지금은 달릴 수 없게 되었다.

혹은 너무 운동하지 않으면 비만, 성인병, 고혈압 등 현대사회에서 자주 발생하는 질병이 생길 수 있다. 게다가 체력도 없고 면역력도 약해서 다양한 질병에 고통받을 수 있다. 사실 사람의 건강은 균형을 잘 유지하느냐에 달렸다. 항상성을 유지해야 건강할 수 있다는 말이다. 항상성 유지의 기본은 '면역력'이다. 따라서 면역력을 기르기 위해 운동은 필수다.

면역력이 강하다는 말은 세균, 바이러스 등 병원균이 우리 몸에 침입했을 때 잘 감당하고 이겨낼 수 있다는 말이다. 참고로 면역 분자가 많아도 문제, 적어도 문제다. 면역력의 핵심은 조절력이다. 즉 '균형'을 이룰 때 우리 몸은 가장 건강한 상태라 할 수 있다. 어떻게 보면 면역은 건강의 처음이자 마지막이라 할 수 있다. 그 면역력을 책임지고 유지할 수 있는 최고의 방법이 바로 운동이라고 하면 이제는 할 생각이 생기는가?

고3 담임교사를 오래 하면서 관찰한 결과, 학생들의 입시 성공 여부는 여름방학 이후의 모습에 따라 달라진다는 걸 깨달았다. 고3 수험생들이 가장 많이 무너지는 시기는 여름이다. 그동안 지칠 정도로 열심히 공부해왔기에 체력이 바닥이 난 것이다. 그래서 이때 오는 위기를 극복하느냐 못 하느냐에 따라 입시 결과가 달라진다. 이때 무너지지 않으려면 평소 운동 루틴을 갖는 것이 중요하다.

공부를 꾸준히 하기 위해서 운동은 빠질 수 없는 주제이기에 《공부하느라 수고했어, 오늘도》,《1등급 공부법》책 모두에서도 계속해서 다뤘다. 이미 여러 예시를 들었으니 이번에는 최근 사례를 들어볼까 한다. 그리고 그동안에는 걷기 운동을 많이 추천했는데, 무산소 운동도 하나 추천해볼까 한다. 나는 책을 한 권 읽으면서 배울 점이 있으면 실천하곤 하는데,《강성태 66일 공부법》이라는 책에서 철봉 운동 이야기가 나와서 따라해봤다.

강성태 작가는 어린 시절 철봉을 한 개도 하지 못했는데, 매달리기부터 시작해서 나중에는 개수를 늘려갈 수 있었다는 일화를 소개했다.《1등급 공부법》에 나온 한 멘토의 경우에도 매일 철봉을 해서 고3 수험생활을 거뜬히 버텼다는 사례가 있어서 철봉을 한 번 해보기로 했다.

유산소 걷기 운동은 루틴처럼 실천했지만, 평소 무산소 근육 운동을 전혀 안 하던 내가 80kg이 넘는 몸을 봉 하나에 지탱해서 올리려니 쉽지 않았다. 맨 처음에는 도움닫기를 통해 간신히 한 개를 성공했다. 하지만 일주일 동안 개수가 하나도 늘지 않았다. 조금 실망스러웠으나 대신에 조금 쉬었다가 다시 총총 발걸음을 뛰어가며 한 개씩이지만 여러 개를 해서 5개를 했다.

한 달 동안 매일 철봉을 했지만, 내가 한 번에 할 수 있는 개수는 고작 한 개였다. 그나마 발전했다면 도움닫기 없이 팔 힘으로만 끌어올려서 턱을 봉에 걸칠 수 있었다는 점이다. 이렇게 하기까지 꼬박 한 달이 걸렸다. 대신 한 개씩 10개까지 개수를 늘릴 수 있었다. 두 번째 달에는 팔 힘으로만 두 개를 하는 걸 목표로 삼았다. 한 개를 한 후에 몸이 다시 올라가지 않아서 조금이라도 팔을 굽히려고 노력했다. 일주일이 지나도 큰 변화는 없었다. 하지만 매일 철봉 하는 걸 멈추지 않았다.

두 달이 지날 무렵 어느 날 갑자기 철봉을 두 개 성공했다. 컨디션이 좋아서 성공했나 싶었는데 다음 날도 두 개를 성공하면서 컨디션 문제가 아니라 근력이 생긴 것이라 판단했다. 그렇게 도움닫기도 없이 팔 힘으로만 두 개에 성공하기까지 두 달이 걸렸다. 세 번째 달에는 그래서 세 개를 목표로 했다. 지금은 다섯 달째인데 안타깝게도 다섯 개를 하지 못한다. 그래도 세 개 혹은 네 개 정도 성공한다. 하지만 이미 무산소 운동 루틴이 되어서 걷기 운동 후 샤워하기 전에 매일 꾸준히 철봉에 매달린다.

철봉 네 개를 하기 위해 비록 다섯 달이 걸렸지만, 여기에서 짚어볼 점이 있다. 공부도 지금 말한 운동과 비슷하다는 점이다. 공부해본 적이 없는 사람이라면 백지 상태일 것이다. 그래서 처음에 공부를 시작하면 집중도 안 되고, 머리에 남는 게 별로 없을 수 있다. 공부 성과를 내는 게 너무 오래 걸려서 당장 눈앞에 보이는 결과가 없으니 답답하고 하기 싫어질 것이다. 그러나 내가 철봉 운동을 한 것처럼 매일 꾸준하게 시간을 정해서 공부하면 쌓이고 쌓여서 언젠가는 성장과 발전을 이룬 자신을 발견할 것이다.

공부를 잘하는 우등생들도 처음부터 공부를 잘했던 건 아니다. 그들도 첫걸음마는 똑같았다. 다만 먼저 시작했거나 남들보다 더 노력을 많이 했기에 그 자리에 오른 것이다. 금메달을 따는 운동선수도 마찬가지다. 누구나 시기가 다를 뿐 처음에는 서툴고 배우는 모든 게 어려울 수밖에 없다. 하지만 포기하지 않고 꾸준하게 루틴을 지키면 그 루틴은 내 삶이 된다. 운동하면 운동하는 삶이 생기고, 독서를 하면 독서를 하는 삶이 생기고, 공부하면 공부하는 삶이 된다는 말이다.

그리고 우리의 인생을 놓고 멀리 혹은 길게 보면, 건강을 지키기 위해서는 운동을 꼭 해야 한다는 사실을 알 것이다. 한 연구에 따르면, 활동량이 적은 사람은 활동량이 많은 사람에 비해 조기 사망률이 3배 높은 것으로 나타났다. 또 다른 연구에 따르면, 특히 나이가 들수록 몸을 움직여서 몸 이곳저곳 퇴행을 막아야 한다고 한다. 노인이 매일 287kcal를 몸으로 움직여 소모하면 오래 살 가능성이 68% 높아질 수 있기 때문이다.

다시 한번 강조하지만, 공부 루틴을 유지하려면 운동은 필수다. 혹시 공부 루틴이 아직 잘 형성되지 않았다면 운동 루틴도 같이 만들어 보길 바란다. 그게 유산소 운동이든 무산소 운동이든 상관없이 자신이 꾸준하게 오래 할 수 있는 운동 루틴을 찾는다면 분명 공부를 지속시키는 큰 힘을 얻게 될 것이다.

 루틴 포인트

수험생이 공부하면서 건강상의 이유로 무너지는 경우가 종종 있다. 책상에 앉아서 공부하는 것도 중요하지만 꾸준한 운동을 통해서 공부 체력을 기르고 유지하는 것도 공부를 계속하는 힘이 될 수 있다는 사실을 잊지 않기 바란다.

가끔씩 루틴을 깨는 것도 루틴이다

사람은 기계가 아니다. 그래서 하루 내내 일하거나 공부할 수 없다. 생각해보면 기계도 종일 돌리면 고장이 날 수 있는데, 사람이라고 다를까? 아무리 바쁘게 열심히 사는 사람도 중간에 한 번씩 일탈을 꿈꾼다. 거창한 일탈이 아니라 소소한 일탈이라도 좋다. 반복되는 일상에 지친 몸과 마음을 추스르기 위해서다. 달리 말하자면, 에너지를 충전하기 위한 것이라 봐도 좋다. 아무리 빡빡한 일정과 루틴에 맞게 사는 사람들도 가끔은 루틴을 깨고 일상에서 벗어나려고 노력한다. 그 이유는 무엇일까?

헨드리크 빌렘 반 룬이 쓴 《반 룬의 예술사》에서는 레오나르도 다빈치를 다음과 같이 묘사했다.

"거장 레오나르도는 회화, 건축, 철학, 시, 작곡, 조각, 육상(멀리뛰기와 높이뛰기), 물리학, 수학, 해부학 등 다양한 분야에 능하다. 또한 그는 여러 가지 악기를 잘 다루었고 직접 악기를 만들기도 했다. 그는 토목에도 손을 댔다. 직접 수차와 수문을 만들고 방대한 영지를 관개하는 새로운 방법을 개발하기도 했다. 그가 가장 관심을 가졌던 것은 비행기와 잠수함이었는데, 그것들을 설계하는 과정에서 기중기와 자동 드릴을 제작하는 새로운 방식을 고안했다."

레오나르도 다빈치는 하루에 20시간 동안 지칠 줄 모르고 끊임없이 일했다고 한다. 그런 그도 평소 일하는 루틴에서 꼭 필요한 건 휴식이라 강조하며 이렇게 말했다.

"때때로 손에서 일을 놓고 휴식을 취해야 한다. 잠시 일에서 벗어나 거리를 두고 보면 자기 삶의 조화로운 균형이 어떻게 깨져 있는지 분명히 보인다."

휴식이라는 건 하던 일을 멈추는 것이다. 우리가 실천하던 루틴을 잠시 멈추겠다는 말이다. 다시 말해, 루틴을 깨는 행위라 할 수 있다. 힘들게 만든 루틴을 깨라니 무슨 말인지 헷갈릴 것이다. 바꿔서 말해보자면, 휴식하는 루틴을 만들라는 말이다. 우리는 보통 루틴을 만들 때 무언가를 하는 루틴을 만들려고 한다. 반면 멈추는 루틴은 생각하지 못한다. 하지만 루틴을 유지하기 위해서는 휴식을 위한 루틴은 필수다.

레오나르도 다빈치를 비롯하여 우리가 알고 있는 성공한 사람들은 누구보다도 더 힘든 루틴을 보낸다. 그런데 그 루틴 중에서 빠지지 않는 것이 휴식 루틴이다. 낮에 일하면, 저녁에는 쉰다. 혹은 평일에 일하면 주말에는 쉰다. 혹은 한 달을 바쁘게 보냈으면 며칠간 휴가를 떠난다. 한 분기(3개월)를 바쁘게 달렸다면 일주일 정도 멀리 여행을 떠나 휴양하고 오기도 한다. 중요한 건 남들보다 몇 배 더 바쁘게 루틴을 유지해도 꼭 휴식한다는 것이다.

고대 그리스 철학자인 소크라테스는 "한가로운 시간은 그 무엇과도 바꿀 수 없는 재산이다."라고 했다. 이 말은 아무리 바쁜 하루를 보내더라도 잠시 생각할 시간을 가지라는 말이다. 특히 시간에 맞게 루틴을 잘 지키는 사람이라면 이 시간이 꼭 필요하다. 잠시나마 한가롭게 일을 내려놓고 휴식을 취할 수도 있고, 복잡한 생각을 정리할 수도 있다. 혹은 다음에 할 일을 정리하며 시간 관리에 힘쓸 수 있다.

독일의 철학자인 임마누엘 칸트는 "노동 뒤의 휴식이야말로 가장 편안하고 순수한 기쁨이다."라고 했다. 사람은 보상이 주어질 때 더욱 열심히 하려는 동기와 의지를 갖게 된다. 공부하느라 일하느라 힘들게 하루를 보냈다면 달콤한 휴식을 꿈꿀 것이다. 그 휴식 시간이 보장되기에 아무리 힘들어도 매일 하루를 버틸 수 있는 것이다.

공부를 잘하는 우등생들은 학교에서 손에서 책을 잘 놓지 않는 모습을 보인다. 쉬는 시간이나 점심시간에도 틈만 나면 공부

한다. 그런데 학교에서 야간자습을 마치고 집에 돌아가면 공부 스위치를 딱 꺼버린다. 왜냐면 하루 내내 공부를 했으니 자신에게 휴식이라는 보상을 주기 위해서다. 실제 많은 멘토가 이런 식으로 루틴을 만들어서 힘든 수험생활을 끝까지 버텨낸다.

잠깐 내 이야기를 해보자면, 나는 하루를 세 번 산다. 내 역할이 세 개이기 때문이다. 아침 6시부터 오후 5시까지는 루틴에 맞게 영어교사의 삶을 산다. 그리고 오후 5시부터 밤 9시까지는 남편이자 아빠로서의 루틴을 보낸다. 끝으로 밤 9시부터 12시까지는 작가로서 삶을 살아간다. 그러면 언제 쉬냐고 물을 수 있는데, 나는 작가로서의 삶이 평소 루틴에서 벗어난 다른 삶이라서 보상처럼 느껴진다. 조용한 밤에 혼자만의 시간을 보내는 게 큰 보상이기 때문이다.

물론 평일에는 정말 바쁘게 산다. 야근하지 않기 위해서 학교에서는 정말 쉬지 않고 수업하고, 일만 한다. 그래야 나머지 삶을 보낼 수 있기 때문이다. (단, 점심 식사 이후 10분 이상 걸으며 사색하는 시간을 루틴으로 갖는다.) 그리고 짧은 시간이지만 내 인생에서 가장 중요한 가족과 소중한 시간을 보내기 위해서 온 힘을 다해 아이들과 놀고, 아내와 대화하며 보낸다. 그러다가 8시가 넘어서면 아이들은 슬슬 씻고 자러 갈 준비를 하기 때문에 나는 밖에 나가서 걷기 운동을 한다. 1시간 정도 걷고 들어와서 철봉을 잠깐 하고 씻고 바로 혼자만의 시간을 갖는다.

비록 잠들기 전 3시간도 채 안 되는 시간이지만, 이 시간은 온전히 내가 하고 싶은 일만 할 수 있기에 행복하게 보낸다. 글을 쓰고, 책을 읽고, 영상을 찍고, 편집하는 등 작가로서 할 수 있는 일을 한다. 다행히 운동하고 와서 체력이 있기에 맑은 정신과 건강한 컨디션으로 이 시간을 보낸다. 지금도 그 시간에 이 책을 쓰고 있다. 하지만 철칙은 밤 12시를 절대 넘기지 않는 것이다. 6시간 이하로 자면 다음 날 하루 루틴에 부정적인 영향을 주기 때문이다.

이렇게 철저하게 하루 루틴을 보내는 나도 사실은 주말에는 되도록 쉬려고 노력한다. 강연이 잡히거나 행사가 있어서 참여하는 경우가 아니라면, 가족과 시간을 보내면서 쉰다. 방에서 뒹굴거리기도 하고, 나들이도 가고, 방학 때는 시골집에 가서 휴가를 일주일씩 보내고 온다. 코로나가 발생하기 전에는 1년에 한 번은 꼭 일주일 동안 (해외) 여행을 다녀오려고 노력했다.

정말 바쁘게 지내다가 어느 날 회를 먹고 식중독에 걸려서 죽을 뻔한 적이 있었다. 아내도 나도 둘 다 그때 느꼈다. 이렇게 아등바등 살다가 갑자기 죽어버리면 인생이 부질없겠다 싶었다. 그래서 그동안 한 푼 두 푼 아껴가며 들었던 적금을 깨서 바로 그해 겨울방학 때 여행을 떠났다. 여행을 다녀오니 육아와 일로 힘들었던 날들을 잠시 잊을 수 있었고, 다음 해에 또 여행을 갈 수 있다는 희망이 생겼다. 그렇게 매년 한 번씩 여행을 다니는 루틴을 만드니까 오히려 평소에는 바쁜 루틴을 보내도 버티는 힘이 생겼다.

하루는 내 인생의 롤모델인 혼공 허준석 선생님과 교재 검토 작업을 하느라 주말에 만났다. 아침 7시부터 작업을 시작했는데, 혼공 선생님은 오후 5시까지 거의 쉬지 않고 일했다. 사실 나는 2시간 정도 일하면 10분은 꼭 쉬어야 하는데, 혼공 선생님과는 일하는 리듬이 달라서 적응이 잘 안 됐다. 어떻게 그렇게 쉬지 않고 일할 수 있느냐 물었더니, 이번 교재 작업이 끝나면 3일간 여행을 떠날 수 있기 때문에 힘이 난다고 했다. 그렇다. 비결은 이 힘든 과정 후에 보상이 기다리고 있었기 때문이었다. 그렇게 자신의 루틴을 현명하고 철저하게 관리하는 것이 오히려 더 바쁜 루틴을 지켜내는 힘이었다.

학교에서는 영어교사이자, 다양한 교재를 쓰고 강의 영상을 찍는 EBS 강사 정승익 선생님도 소셜미디어를 통해 살아가는 모습을 보면 쉬는 법이 없다. 실제 1년 동안 학교, 집, 촬영장을 제외하고 따로 만나는 사람이 없다고 한다. 그 와중에 힘든 하루 루틴을 보내고 늦은 밤 다음 날 가족들 먹을 김밥을 싸는 모습을 보며 어떻게 그렇게까지 할 수 있나 하는 생각이 들었다. 그래서인지 아주 가끔은 모든 일정을 제쳐두고 갑자기 가족과 여행을 훌쩍 떠나거나 나들이를 가거나 하면서 가족과 시간을 보낸다고 한다.

그렇게 평소 루틴을 갑자기 깨서 오히려 계속 유지하던 루틴을 이어가는 힘을 얻는 것이다. 때로는 평소에 하지 않던 행동을 하면서 자신에게 보상을 주려고 노력한다. 생각이 많을 때는 2만 보씩 걸으며 생각 정리도 하고, 평소 잘 먹지 않던 좋아하는 간식을 사서 먹기도 한다. 일 루틴을 위해, 건강 루틴을 위해 하지 않던 행동을 갑자기 하는 게 오히려 루틴을 유지하는 데 도움이 된다는 말이다.

공부도 마찬가지다. 지금까지 다양한 사례를 통해서 깨달은 점이 있을 것이다. 그런데 간혹 수험생들을 보면 휴식 시간 없이 계획을 세우는 경우가 있다. 그런데 오히려 그런 계획은 독이 되어 돌아온다. 하루에 10시간 공부 계획을 세웠다고 가정해 보자. 만일 쉬지 않고 공부하다가 지쳐서 3시간 만에 그만두게 되는 경우와 10분 휴식 시간을 포함해서 10시간 공부를 채운 경우 중 어느 것이 더 나은가? 상식적으로 생각해도 중간에 쉬더라도 끝까지 계획을 이룬 게 더 낫다.

높은 산에 오를 때 우리는 꼭 중간에 휴식 포인트를 둔다. 그 누구도 쉬지 않고 산을 오르려 하면 절대 오를 수 없다. 우리 인생에서 모든 건 이 원리를 따른다. 특히 공부를 꾸준히 하고 싶은 경우라면 더욱 휴식 루틴을 적절히 배치하는 걸 잊지 않기를 바란다. 물론 휴식 시간은 공부하는 시간보다는 적어야 할 것이다. 배보다 배꼽이 더 커지는 경우를 막기 위함이니 기억하길 바란다. 끝으로, 휴식의 중요성을 다시 강조하고자 유명한 사상가들의 말을 남겨본다.

독일의 작가이자 철학자인 요한 볼프강 폰 괴테는 "기분 나쁠 때일수록 조급해하지 말라. 기분 나쁠 때 흠뻑 쉬어 놓으면 좋을 때 한층 더 좋아지는 법이다."라고 말했다. 독일 철학자 게오르크 빌헬름 프리드리히 헤겔도 "휴식은 지상에서 가장 소중한 것이다."라고 했다. 자기관리론으로 유명한 미국의 작가 데일 카네기도 "휴식은 곧 회복이다. 짧은 시간의 휴식일지라도 회복시키는 힘은 상상 이상으로 큰 것이니 단 5분 동안이라도 휴식으로 피로를 풀어야 한다."라고 말했다.

📍 루틴 포인트

공부 루틴을 만들 때 필수로 넣어야 할 루틴은 바로 휴식이다. 인간은 기계처럼 쉬지 않고 일할 수 없다는 사실을 잊지 말아야 한다. 휴식은 공부를 지속하는 힘을 실어준다. 그러니 꼭 휴식 시간을 적절하게 보장하는 공부 루틴을 만들자.

잠들기 전에 하면 좋은 루틴 만들기

하루를 시작하는 루틴도 중요하지만, 사실 루틴의 마무리가 좋아야 다시 활기차게 루틴을 시작할 수 있다. 일찍 일어나는 것도 중요하지만, 잠을 잘 자는 것도 중요하다는 말이다. 그러려면 일찍 잠에 들어야 하고, 자다가 깨지 않고 숙면을 취해야 한다. 하지만 현대인들은 숙면에 방해되는 요소나 환경에 심하게 노출되어 숙면을 잘 취하지 못하거나 심한 경우에는 극심한 불면증에 시달리기도 한다.

교사로서 학교에서 수업 시간에 졸고 있는 학생들을 보면 참으로 안타깝다. 이런 학생들이 보이면 대체로 개별 상담을 요청해서 이유를 물어보곤 한다. 대부분은 둘 중에 하나다. 새벽까지 안 자고 공부했거나, 유튜브나 게임 중독으로 밤샌 경우다.

전자의 경우 학생 본인은 밤새며 공부했으니 괜찮다고 합리화하며 졸거나 자는 것에 관대하다. 하지만 자연이 요구하는 바이오 리듬과는 맞지 않는 루틴이 생겼으니 나중에는 건강이 악화되거나 불리한 상황으로 이어진다. 예를 들면, 수능 시험은 낮시간 동안 치러야 하는데 낮에 계속 졸려서 제실력을 발휘하지 못하게 되는 것이다.

후자의 경우는 공부 루틴을 유지하는 데 독이 되는 심각한 상태다. 공부뿐만 아니라 일상생활에도 큰 영향을 줄 수 있다. 싹이 자라서 무성한 나무가 되어 뽑아내기 힘들어지기 전에 빨리 이 문제를 해결해야 한다. 자세한 내용은 다음 꼭지인 〈루틴 강화와 가지치기의 중요성〉에서 다루기에 문제 제기만 하고 넘어가도록 하겠다. 대신 어떻게 하면 숙면을 취할 수 있는지에 대해서 자세히 알아볼 것이다.

혜민 스님의 《고요할수록 밝아지는 것들》에서 '행복의 척도는 얼마나 성공했는가보다는 밤에 숙면을 충분히 취하는가에 있다. 성공하고도 밤에 잠을 못 자는 불행한 분들이 세상에는 놀랍게도 많다.'라고 하며 숙면을 하는 데 도움이 되는 방법을 소개했다. 하루를 활기차게 시작하기 위해 필수인 숙면 방법에 대해 알아보도록 하자.

하나, 머릿속 걱정들을 정리해보기

"걱정이 많아서 잠을 못 주무신다면 15분 동안만 집중해서 모든 걱정을 종이에 한 번 적어보세요. 머릿속이 정리되면서 마음이 편해져요."

실제 우등생들은 자기 전에 다음 날 계획을 세우는 시간을 갖는다. 그런데 단순히 일정 계획을 세우는 게 아니라 하루 중 있었던 일에 대해서 글로 적어가며 감정을 정리하는 시간을 갖는다. 플래너를 마치 감정 쓰레기통처럼 사용한다. 누군가에게 말하는 것이 도움이 되지만, 글로 생각이나 감정을 풀어내는 것도 큰 도움이 된다.

나사렛대학교 이봉희 명예교수는 '저널테라피'라고 불리는 글쓰기 치유 프로그램에 대해 긍정적으로 생각한다. 우선 저널은 정신적, 육체적 감정의 건강과 행복을 증진시키기 위한 목적으로 쓰는 성찰적 글쓰기를 말한다. 그런데 저널은 아무도 비난하지 않는 일기 형식의 자유로운 글쓰기이기에 글을 통해 비로소 자신의 내면에 있는 목소리를 끌어내는 역할을 한다. 이런 방법으로 복잡한 생각이나 감정을 해소할 수 있고, 두려움과 상처 등을 치유할 수 있게 된다.

둘, 감사한 일 세 가지 찾아보기

"하루의 끝을 긍정적인 생각으로 마감하면 기분도 좋아지고 따뜻한 마음으로 잠들 수 있습니다."

《기적을 만드는 감사 메모》를 쓴 엄남미 작가는 자기 전에 하루에 감사한 것 세 가지만 적어보라고 했다. 사소한 것에 감사한 마음으로 살아가면 긍정적인 마음을 기를 수 있기 때문이다. 실제 멘탈이 갑인 수험생들을 보면 이런 식으로 간단한 방법을 이용해서 긍정의 상태로 잠을 자려고 노력한다.

아이를 키우는 부모로서도 자기 전에 기분 상태가 얼마나 숙면에 영향을 주는지 자주 경험한다. 자기 전에 행복한 기분으로 잠든 아이는 밤에 깨는 일이 거의 없다. 반면 자기 전에 지나치게 감정을 소모하거나 울다가 잠들면 새벽에 꼭 깨어나서 흐느끼며 우는 경우가 생긴다. 아이나 어른 할 것 없이 잠들기 전 감정 상태가 숙면에 부정적인 영향을 줄 수 있다는 말을 하고 싶은 것이다. 그러니 감사한 마음 세 가지를 적으며 긍정적인 감정 상태로 잠들 수 있도록 노력할 필요가 있다.

셋, 책을 읽거나 잔잔한 음악 듣기

"블루라이트가 나오는 핸드폰이나 텔레비전은 숙면 호르몬 멜라토닌을 억제한다고 합니다."

미디어 노출이 심한 현대인들은 특히 잠들기 전까지 손에서 핸드폰을 내려놓지 못한다. 그런데 많은 연구에서 전자기기의 불빛이 수면의 질에 크게 영향을 미친다는 사실이 입증됐다. 전자기기에서 나오는 불빛(블루라이트)은 수면 호르몬인 멜라토닌의 생성을 억제하고 궁극적으로 숙면을 방해한다. 그래서 많은 전문가가 이런 기기들을 침실에서 없애고 적어도 잠자기 한 시간 전부터는 기기 사용을 피할 것을 권장하는 것이다.

책을 아무리 좋아하는 나도 자기 전에 독서를 하면 어느새 하품하는 모습을 발견한다. 고요한 밤에 조용히 글자를 눈으로 읽고 있으면 자연스레 정적인 상태가 된다. 정적인 상태로 옮겨간다는 말은 부교감신경이 슬슬 발동을 거는 것이라 볼 수 있다. 혹시 이 부분에 대해 잘 모를 것 같아 교감신경과 부교감신경에 대해서 간단히 설명해보겠다.

낮에는 우리 몸에서 교감신경이 활발하게 움직이고, 밤에는 교감신경은 휴식하고 부교감신경이 발동한다. 우선 교감신경은 에너지를 소모시키고 생존을 위해 발달했다. 지나치게 활성화되면 감정이 격해지거나 흥분 상태가 된다. 반면 부교감신경은 소모된 에너지를 충전시키고 긴장과 흥분을 가라앉히는 역할을 하여 편안함을 느끼게 해준다. 또한 몸속을 살펴보고, 고장 난 곳은 고치고, 다음 날 활동에 대비해 몸과 정신을 보수 및 유지한다. 그런데 이 부교감신경이 제대로 발동하려면 숙면이 대전제가 된다. 과학적 이론에 따르면 새벽 5시에는 다시 부교감신경은 휴식기에 들어가고 교감신경이 깨어난다고 한다.

넷, 형광등보다는 은은한 조명 켜기

"잠자기 두 시간 전부터 조도를 낮춰놓으면 몸이 잠을 잘 준비를 합니다."

이 부분은 〈3장 어떻게how 루틴화할 것인가〉의 여덟 번째 꼭지인 〈언제 할 것인가? 아침형 인간 vs. 저녁형 인간〉에서 다뤘듯이 지구상의 생명체는 생체리듬이 있는데 햇빛에 영향을 받는다고 했다. 그렇기에 조명을 점점 어둡게 하여 멜라토닌 분비를 유도하는 것이다. 멜라토닌은 밤과 낮의 길이나 계절에 따른 햇빛량의 변화를 감지하여 합성되고 사람의 생체리듬을 조절하여 자연직인 수면을 유도하는 작용을 한다.

이와 관련하여 실제 집에서 아이들의 수면 시간 루틴을 만들어주기 위해 조명을 달리하여 실험한 적이 있다. 아이들의 취침을 유도하기 위해서 밤 8시부터 서서히 조명을 하나씩 줄여가며 밤 9시가 다가올 때까지 책을 읽어주었는데, 마지막에는 은은한 색깔 조명만 남겨보았다. 다른 경우는 밤 9시까지 계속 똑같이 밝은 조명을 켜두었다가 갑자기 불을 끄고 잠자러 방에 데

리러 들어갔다. 둘 중에 전자의 경우로 환경을 조성했을 때 실제 아이들이 더 빨리 잠에 들었고, 후자의 경우에는 계속 뒤척이며 잠들지 못했다. 수면과 조명이라는 상관관계를 알 수 있는 가정 실험이었다.

다섯, 술(카페인 음료) 안 마시기

"술을 마시면 자다가 새벽에 깨서 다시 깊은 잠을 들기 어렵게 만듭니다."

수험생이라면 아직 10대라서 이 부분이 공감이 안 될 수 있기에 조금 바꿔서 생각해보려고 한다. 늦은 시간까지 공부하느라 잠을 쫓기 위해 많은 수험생이 커피나 에너지 드링크를 마신다. 알코올 성분과 마찬가지로 이런 카페인 음료는 수면을 방해하는 것으로 알려져 있기에 더 자세히 말하지 않아도 이해할 것이라 믿는다.

그리고 나중에 쓸 에너지를 끌어다 쓰는 것이기에 언젠가는 빚진 잠에 시간을 양보해야 할 것이다. 실제 고3 초반에 하루에 2시간만 자고 생활하겠다고 이렇게 카페인 음료를 마셔가며 공부한 수험생은 일주일 후부터 오히려 수면 패턴이 무너져버렸고, 심지어 위염이 와서 병원 신세를 지기도 했다.

마시는 음료 이야기가 나온 김에 자기 전에 먹는 음식에 대해서도 말하고자 한다. 자기 전에 맵거나 기름진 음식은 위산 역류 같은 문제까지 생기게 하니 저녁에 먹지 않는 것이 좋다. 특히 우리나라는 야식 문화가 발달해서 치킨, 피자 등 기름진 음식을 밤에 자주 시켜 먹는다. 밤늦게까지 공부하고 집에 돌아와서 출출하니까 이런 식으로 야식을 먹게 되는데, 적어도 잠들기 두 시간 전에 가볍게 식사하고 몸이 소화할 수 있는 시간을 줘야 숙면에 방해되지 않는다.

여섯, 샤워는 따뜻하게, 잠들기 90분 전에 하기

"따뜻하게 이완된 몸이 식으면서 잠에 쉽게 들게 합니다."

따뜻한 물이 좋은지 찬물이 좋은지 의견이 분분할 수도 있는데, 쉽게 생각해보면 답이 나온다. 졸릴 때 찬물로 세수하면 잠이 깨는 것처럼 강한 자극은 오히려 잠을 달아나게 한다. 그리고 너무 뜨거운 물도 마찬가지로 강한 자극이기 때문에 적당히 따뜻한 물이 좋다.

따뜻한 물은 약 섭씨 40도 정도의 물을 의미하는데 너무 뜨겁지 않은 온도의 물을 말한다. 따뜻한 물은 우리 몸의 근육 긴장을 풀어주어 편하게 숙면을 할 수 있도록 해준다. 그런데 샤워

시간은 너무 길어도 안 되고 약 10분 정도가 좋다고 한다. 이 경험은 누구나 해봤을 거라 믿는다.

일곱, 방 온도는 약간 차갑게 하기

"공기가 더우면 숙면을 방해합니다."

공기가 더우면 숙면을 방해한다. 더운 여름철을 생각하면 이해가 빠를 것이다. 너무 더워서 자다가 깬 경험은 누구나 있을 것이다. 자다 깨는 것은 결국 숙면하지 못하는 것과 같지 않은가. 잠이 들면 체온은 깨어 있을 때보다 0.3℃ 정도 낮아진다. 이렇게 온도가 낮아져야 뇌를 비롯한 신체 장기가 휴식할 수 있는 환경으로 바뀐다. 그런데 다시 온도가 높아지니 몸은 더 이상 휴식 상태가 아닌 게 된다. 물론 너무 추워도 깨는 경우가 있으니 방 온도도 적당히 조절할 필요가 있다.

지금까지 숙면을 위한 7가지 방법에 대해서 알아보았다. 잠들기 전에 하면 좋은 것과 안 좋은 것을 같이 알아봤다. 한 가지만 더 추가해보자면, 너무 격렬한 운동은 숙면에 방해되니 피해야 한다는 것이다. 지나친 운동은 근육을 손상시키고 젖산을 분비시켜 더욱 피로감을 느끼게 한다. 자다가 오히려 근육 통증으로 잠에서 깰 수 있다는 말이다. 그러니 격렬한 운동도 피하는 게 좋다.

'잠이 보약'이라는 말을 들어본 적이 있지 않은가? 건강하기 위해서는 잘 먹고, 잘 자야 한다. 하루만 제대로 못 자도 집중력이 떨어지고, 기운이 없어진다. 정상적으로 활동을 잘하기 위해서는 잠을 잘 자야 한다는 말이다. 또한 잠을 잔다는 것은 온몸의 긴장을 풀어주면서 휴식을 취할 수 있다는 것이다.

또한 수면이 부족하면 우리 몸의 면역력이 떨어져서 암세포나 바이러스 등의 면역질환에 취약해질 수 있다. 그러니 건강을 위해서라도, 공부 루틴을 꾸준히 유지하기 위해서라도 숙면을 취할 수 있는 다양한 방법을 깨닫고 실천하기를 바란다.

📍 루틴 포인트

시작도 중요하지만 마무리도 중요하다. 특히 공부 루틴을 만들면서 다음날을 기약하려면 마무리가 좋아야 한다. 실천할 수 있는 7가지 방법을 제시했으니 자신의 상황에 맞게 실천해보기 바란다. 분명 효과를 볼 수 있을 것이다.

루틴도 가지치기가 필요해

나무에 좋은 열매를 맺기 위해서는 가지치기는 필수다. 가지치기는 균형 잡힌 성장과 더 좋은 열매를 얻기 위해서 보통 과일나무에 많이 한다. 나무의 가지가 아무리 무성해도 그 중엔 약하거나 병들어 죽은 가지도 있다. 이런 가지들을 잘라내야 나무가 병드는 걸 막을 수 있다. 이것은 나무 전체가 균형 있게 자랄 수 있도록 돕는 것이다. 햇빛이 잘 들면 열매에 영양이 집중될 수 있고, 병충해를 예방할 수 있어서 건강한 나무가 될 수 있도록 돕는다.

만일 가지치기를 하지 않으면 광합성을 하기 위해서 많은 열매를 맺지만, 쓸모없는 가지가 많이 생긴다. 나무는 위로 크지만, 가지는 서로 엉켜서 상처를 많이 줄 수도 있다. 게다가 햇빛을 받지 못해 높은 곳에 달린 과일의 품질은 떨어진다. 나무 가지치기의 과정을 우리 삶의 루틴에 가져와 보면 왜 루틴을 가지치기해야 하는지 판단할 수 있을 것이다.

수험생으로서 삶의 루틴은 공부를 지속하기 위한 루틴이라고 볼 수 있다. 나뭇가지에는 튼튼한 가지도 있고, 썩은 가지도 있는 것처럼 수험생의 루틴에도 건강한 루틴과 해로운 루틴이 섞여 있다. 일찍 자고, 일찍 일어나는 루틴을 포함하여 적절한 운동과 휴식, 감정 컨트롤 등 앞부분에서 말한 좋은 루틴은 건강한 루틴이라 할 수 있다.

반면 밤늦게까지 영상을 시청하거나 인터넷 검색을 하는 루틴, 밤낮이 바뀌어 바이오 리듬이 깨진 루틴, 식사를 거르는 루틴 등 분명 자신도 모르는 사이에 삶의 질을 떨어뜨리는 루틴도 형성되고 있을 것이다. 과일나무는 의도적으로 썩은 가지를 만들어내지 않는다. 썩은 가지는 저절로 생겨나기에 가지치기할 필요가 있다. 그러니 공부에 해가 되는 루틴을 찾아서 없애기 위해 노력해야 한다.

흥미로운 건 아무리 루틴을 잘 만들어서 품질 좋은 열매를 따내도 그 열매가 시간이 지나면 썩을 수 있다는 것이다. 그리고 만일 한 상자 안에 같이 담겨 있다면, 썩은 열매에 의해 다른 정상적인 열매도 같이 썩게 된다. 루틴도 마찬가지다. 아무리 건강하게 잘 형성된 루틴이라도 해로운 루틴이 생기면서 영향을 받을 수 있다. 열매를 담는 상자의 크기가 정해진 것처럼, 우리가 사는 삶도 유한하기에 그렇다. 만일 좋은 루틴이 안 좋은 루틴에 영향을 받는 것을 하루만 확인해도 금방 무엇이 문제인지 파악하게 될 것이다.

예를 들어, 공부 루틴이 잘 잡힌 수험생도 갑자기 게임에 중독되어 매일 밤샌다고 해보자. 그러면 다음 날 아침에 늦잠을 잘 것이고, 학교에 늦을까 건강한 아침 식사도 놓칠 것이다. 게다가 학교에서는 수업 시간에 꾸벅꾸벅 졸게 된다. 낮 동안 잠을 자니까 수업 내용도 놓치고, 점점 공부해야 할 양이 늘어난다. 저녁부터 밀린 공부를 하려니 너무 할 게 많아져서 부담되니까 스트레스를 받는다. 그래서 다시 쾌락을 주는 게임을 하는데 낮잠을 자서 새벽까지 안 졸리니까 게임을 계속한다.

평소 잘 잡힌 공부 루틴에 게임 중독이라는 루틴이 들어와서 끼친 영향은 어마어마하다. 그런데 공부를 포기하는 수험생 중에는 이렇게 게임이나 인터넷 중독에 빠져서 헤어 나오지 못하는 경우가 많다. 그러면 앞에서 말한 대로 안 좋은 루틴이 계속 반복되니까 공부를 하고 싶어도 할 수 없는 환경에 놓이게 된다.

그래서 우리는 하루 루틴 중에 해가 되는 루틴이 있는지 항상 촉각을 곤두세우고 감시해야 한다. 만일 초기 증상이 보인다면 지체하지 않고 바로 잡아야 할 것이다. 그런데 아무런 분석 없이 해로운 루틴을 없애려고 하면 잘 안 된다. 대부분 사람은 그 방법을 잘 모르기에 지금부터 자세히 설명해보겠다.

미국 최고의 습관 설계 전문가이자 행동 과학자인 스탠퍼드

대학교 행동설계 연구소장 브라이언 제프리 포그는《습관의 디테일》이라는 책을 통해서 습관 생성 원리를 체계적으로 밝혔다. 특히 포그 행동 모형을 제시하며 행동이 일어나려면 세 가지 요소가 동시에 필요하다고 했다. 'B=MAP'이라는 공식은 'Behavior(행동)=Motivation(동기)×Ability(능력)×Prompt(자극)'로 행동은 동기, 능력, 자극 요소에 따라 생긴다고 했다. x축에는 능력 요소를, y축에는 동기 요소를 두고, 반비례 그래프를 그렸고, 반비례 그래프 선 아래와 위에 모두 자극 요소를 두었다. 다음 그래프를 보면 이해가 쉽게 될 것이다.

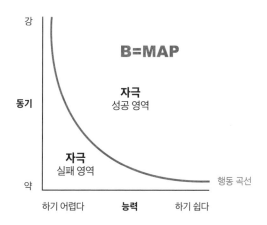

그래프에서 보는 바와 같이 어떤 행동을 해야 하는 자극을 받을 때, 동기가 강할수록, 하기 쉬운 능력을 갖출수록 성공 영역으로 가게 된다는 사실을 알 수 있다. 예를 들어 '책상 정리'라는

자극이 생겼다고 해보자. (누군가 책상 정리를 하라고 말한 것이다.) 그때 자신도 책상이 더러우니 치워야겠다는 마음이 생겼다면, 충분한 책상 정리 동기가 생겼다고 볼 수 있다. 그런데 짐이 너무 많이 쌓여 있어서 도저히 시작할 엄두가 안 난다면, 하기 어려운 상태라서 능력 요소가 약해진다.

이렇게 자극과 동기가 분명해도 능력적인 측면이 무너지면 책상을 정리하는 행동은 나타나지 않는다. 하지만 책상 위에 짐이 많지 않다면 하기 쉬운 일이니까 행동이 나타난다. 책상 정리라는 자극이 성공 영역에 계속 머무를 수 있다면, 행동이 계속되어 습관으로 자리 잡게 되는 것이다.

이 원리를 활용하여 안 좋은 루틴이 발생하지 않도록 해보자. 만일 게임 중독이라면, 쉽게 바꿀 수 없는 건 '게임 동기'이다. 하지만 자극과 능력 요소를 줄이거나 제거한다면 게임을 하는 행동을 줄이거나 멈출 수 있을 것이다.

보통 게임은 누군가와 함께하는 경우가 많아서 쉽게 게임 자극을 줄이기가 쉽지 않다. 의지가 강해서 게임을 같이 하는 친구에게 더는 게임을 하자고 제안하지 말라고 말할 수는 있겠다. 그러나 주변에서 게임 이야기를 하면 자극되어 이 자극은 쉽게 제거되지 않는다.

그래서 결국 능력이라는 부분을 제거하는 게 가장 좋은 방법이라 볼 수 있다. 게임을 하기 위해서는 컴퓨터나 스마트폰과 같은 장비가 필요하다. 그래서 장비를 멀리 치워두거나 혹은 수험생활을 하는 동안에는 잠시 없애는 것이다. (물론 게임 중독이 심하면 PC방에 가서 할 수도 있겠지만…) 그러면 게임을 할 수 있는 상황이 아니니 능력 요소가 사라지게 되어 게임하는 행동을 하지 않게 된다.

이런 예를 기반으로 하여 게임 중독 외에도 혹시 야식을 먹는다거나 다른 좋지 않은 루틴을 확인한다면 제거하려고 노력할 필요가 있다. 그런데《습관의 디테일》책에서는 바로 습관을 제거하는 게 쉽지 않다고 했다. 그래서 안 좋은 습관을 좋은 습관으로 대체하는 방법을 또 안내했다. 습관을 만드는 7단계 행동 설계를 통해 그 방법을 알아보자.

1단계 • 열망을 명확히 한다.
변화하고 싶다면 원하는 바를 구체적으로 그려보라.
2단계 • 행동 선택지를 탐색한다.
할 수 있는 행동은 생각보다 많으니 목록을 작성해보라.
3단계 • 자신에게 적합한 구체적인 행동을 찾는다.
실천 영역에 들어가는 행동을 찾아보라.
4단계 • 적절한 자극을 준다.
좋은 습관과 짝을 이룰 일상의 자극이 무엇인지 찾아보라.
5단계 • 아주 작게 시작해본다.

작을수록 쉽고 재밌기에 행동을 쪼개고 나눠보라.

6단계 • 성공을 축하한다.

과도해도 좋으니 축하를 통해 습관의 영양분을 만들어보라.

7단계 • 반복하고 확대한다.

작은 습관을 반복하면 놀라운 변화가 일어난다.

이렇게 7단계를 통해 나쁜 습관을 대체할 만한 좋은 루틴을 우선 만들어본다. 그리고 서서히 안 좋은 루틴의 요소를 제거하거나 줄인다. 나중에는 잘 형성된 좋은 루틴이 안 좋은 루틴을 대체하도록 만드는 것이다. 하루라는 시간은 유한하기에 무한으로 루틴을 만들 수 없다. 그래서 안 좋은 루틴을 제거한 자리에 좋은 루틴으로 채우는 것이다.

우리가 가진 루틴 관리를 정원 관리에 비유해보면, 썩은 나무를 제거한 장소에 좋은 나무를 심어서 잘 관리하는 것이라 할 수 있다. 아무리 잘 가꾸어진 정원이라도 한동안 관리를 하지 않으면 나무는 시들고 황폐해진다. 물도 주고, 썩은 나뭇가지는 잘라내고 지속적인 관심을 가지고 관리해야 예쁜 정원으로 가꿀 수 있다.

우리의 뇌는 효율성을 추구한다고 몇 번이고 강조했다. 이미 우리 삶에 루틴으로 자리 잡으면 에너지 소모가 적어서 별로 신경을 안 쓰게 되는데, 만일 그게 안 좋은 루틴이라면 우리 삶을 갉아먹을 것이다. 게다가 영상 시청과 같은 쾌락과 행복 호르몬인 도파민을 나오게 하는 행동은 정신을 똑바로 차리지 않으면 통제할 수 없다.

루틴을 철저하게 관리하며 하루를 세 번으로 나눠서 사는 나조차도 가끔은 피곤해서 유튜브 영상을 볼 때가 있다. 의도하지 않았지만, 도파민 호르몬에 취해서 시간 가는 줄 모르고 영상을 보게 된다. 이런 강력한 유혹을 가진 행동은 우리를 더욱 빠르게 중독으로 이끈다. 그리고 이런 식으로 한두 번 좋은 루틴이 깨지면서 점점 우리의 루틴은 무너질 것이고, 나중에 다시 돌아오려면 시간적 제약이든 심리적 부담이든 다양한 어려움(능력 요인)을 느끼게 되어 좋은 행동을 잃게 될 것이다. 그러니 하루하루 자신의 루틴이 잘 진행되고 있는지 확인하는 루틴을 꼭 만들기를 바란다.

 루틴 포인트

내가 잘하고 있는지 아닌지 항상 고민하는 습관이 필요하다. 메타인지를 활용해서 잘한 점은 더욱 발전시키고, 잘못된 점은 수정해야 한다. 일상 루틴 중에서 해로운 루틴은 제거하고, 도움이 되는 공부 루틴은 유지하도록 노력해보자.

자투리 시간도 루틴으로 활용할 수 있다

《1등급 공부법》책에서 '시간 관리 끝판왕'이라는 내용을 통해 '자투리 시간 활용하기'가 최고 단계인 6단계에 해당한다고 말했다. 그만큼 자투리 시간을 활용한다는 건 쉽지 않다는 말이기도 하다. 왜냐면 우리는 자투리 시간이 적은 양이라서 별로 중요하게 생각하지 않는 경향이 있기 때문이다. 그러나 이 시간을 모아 보면 생각보다 많은 시간이라는 걸 알게 된다. 만일 자투리 시간을 하나씩 루틴으로 만든다면 어떨까?

습관 형성을 설명하는 모든 책에서 단 한 번도 빠지지 않고 나오는 내용은 '작게 시작'하라는 것이다. 그런데 대부분 학생은 제대로 각을 잡아야만 공부에 집중할 수 있다고 착각한다. 그리고 계획하는 공부의 양도 어마어마하다.

각 잡는 시간에 차라리 공부를 시작해서 조금이라도 할 수 있고, 계속 이어나갈 수 있다면 훨씬 더 공부량을 늘릴 수 있는데,

이 점을 대부분 간과하는 것이다.

하지만 공부 습관이 제대로 잡힌 수험생의 경우에는 이런 자투리 시간을 허투루 쓰지 않으려 노력한다. 등교 후 1교시 시작 전까지 남아 있는 시간, 쉬는 시간, 점심 및 저녁 식사 시간, 야간 자율학습 중간에 쉬는 시간 등 짧지만 유용하게 쓸 수 있는 시간을 적극적으로 활용한다. 그런 학생을 자세히 살펴보면 대단한 걸 하지 않는다. 하지만 시간대별로 자신이 정한 과목이나 내용을 규칙적으로 매일 루틴화해서 공부한다는 사실이 놀라웠다.

〈1장 루틴 완성으로 입시에 성공한 멘토들〉에서 다양한 사례를 자세히 다루었지만, 한 번 더 사례를 공유해보겠다. 우선 자투리 시간은 정말 긴 시간이 아닌 점을 기억해야 한다. 그렇지만 잘 활용하면 생각보다 할 수 있는 공부가 많다. 차근차근 시간 단위로 나눠서 사례를 살펴보자.

《메타인지 학습법》의 저자 리사 손 교수는 영어 어휘를 학습할 때 한꺼번에 많이 외우는 것보다는 시간을 잘게 나눠서 자주 여러 번 반복해서 보는 게 더 효과적이라고 말했다. 우선 1~2분 정도의 매우 적은 시간에 할 수 있는 공부가 있다. 바로 영어 단어와 한자 공부다. 만일 하루에 영어 단어 10개를 외운다고 할 때, 1~2분 동안에 한번 쓱 살펴보고, 두 번째 쉬는 시간에는 단어 뜻이 잘 기억나지 않는 것 위주로 다시 집중해서 보는 것이다.

이렇게 하면 자투리 시간을 1~2분씩 세 번 혹은 네 번만 활용해도 충분히 영어 단어 10개를 외울 수 있다. 하루에 10개씩 30일 한 달을 실천하면 300개를 외울 수 있고, 1년 동안 매일 한다면 10개 곱하기 365일 해서 3,650개를 외울 수 있다. 영어 교육과정에서 가장 어려운 과목에서 요구하는 단어 수가 3,500개인 걸 감안할 때 이미 그 수를 넘어서기에 1년이면 충분히 어휘 학습을 끝낼 수 있다.

한자도 1~2분 동안 한 글자만 외우더라도 하루에 여러 개의 한자를 익힐 수 있다. 하루에 만일 쉬는 시간을 모두 활용하여 5개의 한자를 외운다고 하면 5개 곱하기 365일 해서 1825개를 외울 수 있다. 마찬가지로 고등학교에서 필수로 다루는 한자의 수는 1,800자인데 이를 충족시킬 수 있다.

친한 친척네 놀러 가면 조카들이 잘 놀다가도 어느 시간이 되면 "잠깐 5분만" 이렇게 말하고 사라졌다가 돌아오곤 했다. 처음에는 급한 일이 있는가 싶어서 크게 관심을 두지 않았는데, 놀러 갈 때마다 자주 그렇게 5분씩 사라지길래 뭐 하려고 사라지나 궁금했다.

한 번은 방에 따라갔더니 한자를 공부하고 있었다. 책 제목을 살펴보니 한자 2급 자격시험 문제집이었다. 그때 조카들이 중학생이었는데, 초등학교 때부터 자투리 시간을 이용해서 매일 한자 1개씩 공부하는 루틴이 있어서 그렇게 수준 높은 한자를 공부할 수 있었다고 한다. 초등학교 6년 그리고 중학교 3년을 더해보면 9년 동안 하루도 빼놓지 않고 한자를 공부한 것이다. 1개씩 365일 곱하기 9년이니까 3,285자를 외울 수 있었으리라 본다.

하루 이틀만 봤을 때는 자투리 시간 루틴이 큰 영향이 없어 보이지만, 이렇게 자투리 시간을 모아 놓고 보면 1년 후에는 그 양이 많다는 사실을 알 수 있다. 게다가 1년이 3년, 5년, 10년 이렇게 계속 이어진다면 사소한 일이라고 해도 분명 시간이 흘러 큰 자산으로 돌아올 것이다. 이 두 조카는 고등학교 때까지 자투리 시간을 활용하는 루틴을 유지했고, 모두 명문대에 진학할 수 있었다.

만일 고작 1~2분으로 무엇을 할 수 있을까 의구심을 가졌다면 조금 전에 소개한 사례를 곱씹어보길 바란다. 그런데 만일 5분씩 할 수 있는 일이 있다면 어떻겠는가? 학교에서 자투리 시간을 매우 잘 활용하는 수험생들을 보면 쉬는 시간 5분 동안 정말 딱 한 가지만 하려고 한다. 수학 문제 푸는 감을 잃지 않으려고 5분 이내에 풀 수 있는 쉬운 문제만 골라서 푸는 학생을 봤다. 혹은 수능 영어 독해 지문 한 개만 읽으며 문제를 풀기도 했다.

5분이라는 시간은 시험을 볼 때는 최소한 한 문제 이상 풀 수 있는 시간이기에 전략적으로 자투리 시간을 활용했다. 자신이 부족한 과목의 경우 이렇게 5분씩 6번 쉬는 시간에 계속 이어서 공부하면 따로 시간을 들이지 않아도 공부할 시간을 확보할 수 있었다. 만일 모의고사 1회분을 모두 풀려고 마음먹었다면 자투리 시간을 활용할 생각을 하지 못했을 것이다. 포인트는 딱 한 가지만 몰두해서 짧더라도 시간을 알차게 보내려 했다는 점이다.

자투리 시간까지는 아니더라도 마치 전기나 물이 쓸데없이 줄줄 새지 않도록 시간을 활용하는 것도 하나의 방법이다. 대부분 학생은 아침에 등교해서 1교시 전까지 시간이나 점심, 저녁 식사 시간은 10분 이상의 시간이 있는데 많이 버린다. 반면 자투리 시간 활용 루틴이 잡힌 학생들은 이 시간을 적극적으로 활용한다. 지금까지 1~2분, 5분 활용 사례를 간단히 설명했는데, 충분히 활용할 수 있는 시간이라고 느꼈을 것이다.

그래서 10분 이상이라는 시간은 충분히 우리가 생각하는 것보다 상상 이상의 것을 만들어낼 수 있다. 이런 10분이 넘는 자투리 시간을 잘 활용한 다른 학생들 사례와 비슷한 점이 많아서 내가 중학교 때 겪었던 이야기를 해볼까 한다.

나는 학창 시절 비평준화 지역에 살고 있어서 중학교 3학년이 되어서는 고등학교 입학시험의 기준이 되는 연합고사 공부를 시작했다. 지금도 필수 과목인 한국사 과목에 취약해서 어떻게 이 과목 공부를 극복할까 했는데, 마침 담임 선생님께서 '자투리 시간을 잘 활용하면 공부에 성공할 것'이라는 말에 설득되어 매일 아침 자습 시간마다 한국사 공부를 시작했다.

계획은 다음과 같았다. 수업 시간에 배우면서 정리한 노트 내용을 일주일 동안 하루도 빠트리지 않고 복습하는 것이었다. 따로 문제집을 풀거나 하지도 않았다. 계속 내용이 기억날 때까지 노트에 있는 내용을 읽고 또 읽었다. 그렇게 1학기를 보내면서 따로 한국사 공부는 하지 않았는데 시험에서 항상 만점 가깝게 점수를 받았다.

그리고 여름방학이 되어서는 필수는 아니었지만, 한국사 전체 내용으로 100문항을 직접 출제해보는 숙제가 있었다. 조선 전기 이전까지는 2학년 때 배운 내용이라서 지식이 조금 부족했지만, 한 학기 동안 갈고닦은 한국사 공부 루틴 덕분에 여름방학 동안 나머지 책 내용의 핵심을 정리했고, 매일 4문항씩 25일 동안 루틴을 지켜가며 100문항을 출제할 수 있었다. 만일 이때도 한꺼번에 하려고 했으면 과연 이 미션을 성공할 수 있었을까 의문이 든다.

실제로도 한국사 전체 분량을 25로 나누었다. 그리고 하루에도 몰아서 하려고 하지 않고, 평소 루틴처럼 아침에 30분, 오후에 30분 이렇게 두 번에 걸쳐 나눠서 작업했다. 아침에는 책의 핵심 내용을 정리하며 기출문제를 분석했고, 오후에는 실제 기출문제와 비슷한 문항을 만들었다. 평소 루틴보다 시간이 확보되어 더 수월했지만, 자투리 시간 루틴 덕분에 여름방학 때도 루틴을 지킬 수 있었다고 생각한다.

20년이 훌쩍 지난 현재 아직도 이 이야기를 기억하는 이유는 역사 선생님께서 문제를 보고 칭찬을 많이 해주셨기 때문이다. 그리고 고등학교에 가서도 중학교 시절에 집중해서 공부했던 내용은 따로 공부하지 않아도 기억에 남아서 매우 효율적이었다. 이처럼 별 거 아닌 것 같았던 자투리 시간 공부법이 얼마나 큰 효과가 있는지 알 수 있었기에 강조하고 싶다.

안타깝게도 자투리 시간 활용이 얼마나 우리 삶에 큰 변화를 줄 수 있는지 모르거나 혹은 알더라도 그 짧은 시간을 가벼이 여기고 무시하는 경우가 많다. 적어도 지금 이 글을 읽고, 책을 읽게 되었다면, 이제부터는 자투리 시간 활용 루틴을 만들기 위한 노력도 해봤으면 좋겠다. 꼭 그게 공부가 아니어도 좋다.

지금의 나는 쉴 틈이 생기면 책의 한 꼭지를 읽으려고 노력한다. 혹은 아침 시간에는 하루 일정을 계획하는 시간으로 쓰려고 한다. 저녁에 잠들기 전 5~10분은 아내와 일일 가계부를 같이 쓰는 시간으로 활용하기도 한다. 특별한 일은 아니지만 짧은 시간에 집중해서 간단한 일을 끝내 놓으면 나머지 시간에는 다른 간섭 없이 집중력을 높일 수 있고 업무 효율성도 덩달아 올라간다는 점을 강조하고 싶다.

 루틴 포인트

그동안 자투리 시간을 활용하지 않았다면 꼭 자투리 시간 활용 루틴을 만들어보길 바란다. 하루로 놓고 보면 얼마 안 될 수 있지만, 일주일, 한 달, 일 년으로 환산해보면 우리 삶에 큰 영향을 줄 수 있는 시간이라는 걸 깨닫게 될 것이다.

루틴의 힘을 믿어보세요

《1등급 공부법》을 통해서 효율적인 공부법을 자세히 안내했지만, 고민이 생겼다. '방법을 아무리 많이 알고 있어도 실천하지 않으면 무슨 소용이 있을까'라는 생각이 계속 머릿속에 맴돌았기 때문이다. 그리고 성적은 갑자기 확 오르는 게 아니라, 꾸준하게 공부하다 보면 서서히 오르기 때문에 조급한 마음이 들지 않을까 걱정되었다.

다행히도 꾸준하게 공부할 수 있는 비결은 명문대를 진학한 20명의 우등생 인터뷰에서 힌트를 얻을 수 있었다. 그들도 '공부 루틴'이 있었기에 중간에 멈추지 않고 끝까지 해낼 수 있었다. 그래서 왜 루틴이 도움이 되는지, 어떻게 루틴을 만들 수 있는지, 그리고 어떤 루틴을 만들어야 꾸준하게 공부하는 힘이 생길지 정리했다. 또한 공부 루틴을 실천한 우등생들의 사례를 통해 구체적인 '공부 루틴' 형성 방법을 찾길 바랐다.

생각보다 '루틴' 형성의 핵심은 의외로 간단하다. 딱 한 가지만 기억하면 된다. 자신이 쉽게 실천할 수 있는 매우 작은 일부터 시작하는 것이다. 모든 일의 시작은 크지 않다. 성경에도 '시작은 미약하였으나 끝은 창대하리라'라는 말이 있지 않은가? 일단 시작하는 게 가장 중요하다. 비록 작은 것부터 시작해도, 멈추지 않고 계속 지속할 수만 있다면 그 끝은 아무도 알 수 없기 때문이다.

물론 루틴을 형성하기까지 어느 정도 시간이 걸린다. 그래서 처음부터 너무 무리하게 시작하면, 루틴이 형성되는 시간을 견디지 못하고 중도 포기하게 된다. 루틴의 힘을 느껴보려면 절대 중간에 멈추면 안 된다. 변화가 일어날 때까지 작은 행동을 꾸준히 해야 한다. '수적천석水滴穿石'이라는 말처럼, 물방울이 한 방울씩 떨어져 바위를 뚫을 수 있다. 루틴이 그렇다.

처음에는 아무것도 아닌 것이 나중에는 엄청난 힘을 발휘한다. 우등생들도 처음에 1등급이 아니었지만, 자신의 부족한 점을 작은 것부터 채우면서 1등급 혹은 만점을 받아내는 기적을 만들어냈다. 그리고 철저하게 루틴을 유지하는 삶을 살면서 건강도 공부도 모두 챙길 수 있었다.

매일 살아가는 삶이 건강해야 공부도 잘할 수 있는 법이다. 건강한 삶에는 항상 좋은 루틴이 함께 한다. 잡초를 제거하듯 나쁜 루틴을 없애고, 천천히 좋은 루틴으로 삶을 채워나간다면 공부든 인생이든 성공적인 결과로 나아갈 것이다.

머리가 좋은데 공부를 못하는 사람, 창의력이 뛰어난데 결과물을 만들지 못하는 사람. 그들은 모두 성실함이 부족해서 그렇다. 성실함은 루틴에서 나온다. 누가 뭐라고 안 해도 매일 같은 행동을 하면, 그 행동이 결과를 낳는다. 그렇기에 루틴의 힘은 위대하다.

사람들은 묻는다. "작가님은 어떻게 1년 동안 세 권의 책을 쓸 수 있나요?" 그리고 말한다. "정말 대단하세요!" 그런데 나는 지극히 평범한 사람이다. 머리가 엄청 좋거나, 글쓰기 실력이 뛰어나거나, 창의력이 뛰어나거나 하지 않다. 내가 가장 잘할 수 있는 것은 그냥 매일 같은 행동을 반복하는 것이다.

같은 행동을 반복하다 보니 루틴이 되었고, 결과물이 하나씩 쌓였다. 걷기 운동을 통해서 몸무게를 유지했고, 단 한 개도 못하던 철봉을 매달리기부터 시작하여 이제는 한 번에 다섯 개까지 할 수 있게 되었다. 한 권도 읽지 않던 책을 일주일에 무조건 한 권 이상 읽고 기록을 남기게 되었다. 끝으로, 책에 쓸 꼭지 개요를 구상하고, 글로 풀어내는 일을 거의 매일 하고 있다.

그런 루틴으로 인해 매일 글을 쓸 체력이 생겼고, 체력을 바탕으로 쓴 글이 모여 한 권의 책으로 탄생했다. 사실 엄청나게 훌륭한 글은 아니더라도 매일, 일주일 혹은 한 달 동안 꾸준하게 글을 쓰기 때문에 글이 모여서 책으로 나올 수 있다.

꾸준하게 운동하니까 체력이 좋아졌고, 책을 읽으니까 문해력이 향상됐다. 체력과 문해력이라는 무기를 통해 글을 기획하는 능력도 함께 올라갔다. 남들은 꼭지 한 개 쓰는 것도 힘들다고 말하는데, 루틴으로 쌓아 올린 탑 덕분에 더 빠르게 글을 쓰는 능력이 생겼다.

공부도 마찬가지라 생각한다. 비록 처음에 아는 게 없어도 '공부 루틴'을 하나씩 만들어가다 보면, 지식이 쌓이고 이해력도 높아지면서 자신의 구멍을 메우는 시간이 줄어들게 될 것이다. 그러니 루틴의 힘을 믿고, 일단 할 수 있는 공부부터 시작해 보자. 나중에 우등생이 되었을 때는 분명히 루틴 형성이 얼마나 공부에 큰 영향을 주었는지 깨닫게 될 것이다. 그리고 미약했던 자신의 행동이 얼마나 성장했는지 확인할 수 있을 것이다.

끝으로, 하나만 더 기억했으면 좋겠다. '신'의 경지에 오른 '마스터'들도 누구나 '초보' 시절이 있기 마련이라는 점이다. 비록 지금은 '공부 초보'라 할지라도, 언젠가는 '공부 고수'가 되어 있는 자신을 보게 될 것이다. 이 책에 나와 있는 루틴 형성 관련 내용을 여러 번 재확인하며 바람직한 '공부 루틴'을 만들고, '공부 루틴'의 힘을 꼭 느껴보길 바란다.

감사의 말

안녕하세요.《공부 잘하는 아이는 이런 습관이 있습니다》저자 신영환입니다.

2021년을 되돌아볼 때 인생 키워드는 '루틴'이라고 해도 과언이 아닙니다. 걷고, 철봉하고, 책 읽고, 글 쓰는 일을 매일 꾸준하게 실천하면서 루틴의 힘을 몸소 체험할 수 있었습니다. 특히 작가로 처음 데뷔한 2021년에 이 루틴 덕분에 세 권의 책 원고를 쓰게 되었고, 실제 세 권의 책이 출간되었습니다. 이《공부 잘하는 아이는 이런 습관이 있습니다》는 네 번째 책이고, 다섯 번째 책도 계약하여 루틴을 계속 이어가고 있습니다.

이런 저도 불과 2년 전만 해도 육아로 인해 일상 루틴이 무너저 우울증을 겪기도 했습니다. 하지만 차근차근 내가 할 수 있는 일을 찾아가려고 노력했고, 서서히 잡혀가는 루틴 덕분에 정신적, 신체적으로 건강해질 수 있었습니다. 그래서 생각했습니다. 수험생들도 공부 루틴을 잘 형성한다면 슬럼프가 와도 이겨낼 수 있지 않을까. 그래서 이 책을 쓰게 되었습니다.

항상 느끼는 것이지만 물론 이 책이 저 혼자만의 작품은 아니라고 생각합니다. 이미 루틴의 중요성을 안내한 많은 책이 있어서 연결 지을 수 있었습니다. 그리고 루틴을 실천한 1등급 멘토들의 인터뷰가 있었기에 다양한 사례를 실을 수 있었습니다. 이미 루틴 관련 책을 내신 작가님들과 큰 도움을 준 멘토들에게 감사의 마음을 표합니다.

그리고 언제나 작가 활동을 할 수 있도록 든든한 버팀목이 되어주는 아내에게 고맙다는 말을 전하고 싶습니다. 언젠가 이 책을 읽고 루틴을 형성하며 공부하고 인생을 살아갈 딸 유정이와 아들 유진이에게도 작가 활동으로 바쁜 아빠와 놀지 못해도 투정 많이 안 부리고 이해해줘서 고맙다는 말을 전하고 싶습니다.

끝으로 언제나 제게 믿음을 보여주시고, 전력을 다해 완성도 높은 책으로 출간될 수 있도록 힘써주신 출판사 서사원 장선희 대표님을 비롯한 직원분들께도 진심으로 감사합니다. 또한 흔쾌히 추천사를 허락해주신 혼공 허준석 선생님, 〈소린TV〉 서울대생 공부멘토 안소린님, 의대생 멘토 임규리, 학부모 대표

엠버맘 박지현님께도 감사의 마음을 전합니다. 그리고 마치 자신의 책인 것처럼 애정을 가지고 꼼꼼하게 원고 검토를 도와준 최애 제자 장선우 멘토에게도 감사의 마음을 보냅니다. 다 언급하지는 못했지만, 제가 책을 쓰고 있다고 했을 때 진심으로 응원해주신 혼공스쿨 선생님들과 모든 주변 분들께 감사의 말을 전하고 싶습니다.

끝으로 제가 쓴 글을 읽고 많은 도움이 된다고 해주시는 독자분들께도 미리 감사의 마음과 응원의 마음을 함께 보냅니다. 남은 생도 지금처럼 모두가 건강하고 행복하게 살았으면 하는 마음을 전하며 글을 마칩니다.

2022년 3월

신영환 올림

참고 문헌

단행본

웬디 우드, 《해빗》, 다산북스, 2019.
신영환, 《공부하느라 수고했어, 오늘도》, 서사원, 2021.
신영환, 《1등급 공부법》, 서사원, 2021.
김태훈, 《서울대 수석은 이렇게 공부합니다》, 다산에듀, 2021.
게리 켈러, 제이 파파산, 《원씽》, 비즈니스북스, 2013.
메건 데일리, 《독자 기르는 법》, 유유, 2021.
장 지오노, 《나무를 심은 사람》, 두레, 2018.
이상욱, 《절대 배신하지 않는 공부의 기술》, 웅진지식하우스, 2021.
찰스 두히그, 《습관의 힘》, 갤리온, 2012.
댄 애리얼리, 《루틴의 힘》, 부키, 2020.
장근영, 《게으른 십대를 위한 작은 습관의 힘》, 메이트북스, 2021.
리사 펠드먼 배럿, 《이토록 뜻밖의 뇌과학》, 더퀘스트, 2021.
로버트 마우어, 《아주 작은 반복의 힘》, 스몰빅라이프, 2016.
이윤규, 《공부의 본질》, 빅피시, 2021.
제임스 클리어, 《아주 작은 습관의 힘》, 비즈니스북스, 2019.
전안나, 《1천 권 독서법》, 다산4.0, 2017.
짐 퀵, 《마지막 몰입》, 비즈니스북스, 2021.
허준석, 이은주, 신영환, 기나현, 석정은, 《초중고 영어공부 로드맵》, 서사원, 2021.
김도윤, 《1등은 당신처럼 공부하지 않았다》, 쌤앤파커스, 2018.
토마스 콜리, 《인생을 바꾸는 부자 습관(Rich Habits)》, 봄봄스토리, 2017.
김승호, 《김밥 파는 CEO》, 황금사자, 2011.
김승호, 《생각의 비밀》, 황금사자, 2015.
강성태, 《강성태 66일 공부법》, 다산에듀, 2019.
헨드리크 빌렘 반 룬, 《반 룬의 예술사》, 들녘, 2008.
혜민, 《고요할수록 밝아지는 것들》, 수오서재, 2018.
엄남미, 《기적을 만드는 감사 메모》, 케이미라클모닝, 2021.
BJ 포그, 《습관의 디테일》, 흐름출판, 2020.
리사손, 《메타인지 학습법》, 21세기북스, 2019.

바른 교육 시리즈 24

공부 잘하는 아이는 이런 습관이 있습니다

초판 1쇄 인쇄 2022년 4월 5일
초판 1쇄 발행 2022년 4월 11일

지은이 신영환

대표 장선희 **총괄** 이영철
기획편집 이소정, 정시아, 한이슬, 현미나
책임디자인 최아영 **디자인** 김효숙
마케팅 최의범, 강주영, 김현진, 이동희
경영관리 문경국

펴낸곳 서사원 **출판등록** 제2021-000194호
주소 서울시 영등포구 당산로 54길 11 상가 301호
전화 02-898-8778 **팩스** 02-6008-1673
이메일 cr@seosawon.com
블로그 blog.naver.com/seosawon
페이스북 www.facebook.com/seosawon
인스타그램 www.instagram.com/seosawon

ⓒ신영환, 2022

ISBN 979-11-6822-056-0 03370

서사원은 독자 여러분의 책에 관한 아이디어와 원고 투고를 설레는 마음으로 기다리고 있습니다.
책으로 엮기를 원하는 아이디어가 있는 분은 이메일 cr@seosawon.com으로 간단한 개요와 취지,
연락처 등을 보내주세요. 고민을 멈추고 실행해 보세요. 꿈이 이루어집니다.